W0191752

Zu diesem Buch

Co-Counseln bedeutet: sich gegenseitig beraten. Zwei Menschen setzen sich zusammen, um belastende Probleme, Sorgen und Nöte zu bearbeiten. Doch diese neue Form der «Laientherapie» unterscheidet sich von der üblichen Ordnung psychotherapeutischer Situationen: Jeder ist nacheinander sowohl Ratsuchender als auch Therapeut. Im Verlauf der Sitzung werden die jeweiligen Rollen getauscht, so daß sich beide gleichberechtigt bei der Lösung ihrer Probleme unterstützen können.

Co-Counseln ist mehr als das vertraute Gespräch mit guten Freunden. Denn die Befolgung einfacher Regeln, die den Ablauf des Treffens strukturieren, führt dazu, daß diese besondere Weise des Sich-Aussprechens therapeutisch wirksam werden kann.

In diesem Buch vermittelt Karola Berger mit leicht verständlichen Anleitungen und Übungen die Grundlagen und Techniken der neuen Methode. Sie zeigt, wie jeder seine persönlichen Möglichkeiten erweitern, sich aus alten Mustern lösen und mehr Freiheit und Glück gewinnen kann.

Die Autorin

Karola Berger studierte Psychologie und Pädagogik, war danach zunächst im öffentlichen Schuldienst, später in der pädagogischen Forschung und Lehrerfortbildung tätig. Nach einer psychotherapeutischen Ausbildung und Zusatzstudien für körperorientierte Therapien arbeitet sie seit fünf Jahren mit dem Co-Counseln und hat ein Co-Counsel-Teacher-Training absolviert.

Karola Berger

Co-Counseln
Die Therapie ohne Therapeut

Anleitungen und Übungen

Mit einer Einleitung
von Gabriele Heise

Rowohlt

Originalausgabe
Veröffentlicht im Rowohlt Taschenbuch Verlag GmbH,
Reinbek bei Hamburg, Juni 1996
Copyright © 1996 by Rowohlt Taschenbuch Verlag GmbH,
Reinbek bei Hamburg
Redaktion Rosemarie Schwarz
Umschlaggestaltung Susanne Heeder
(Foto The Image Bank: Barros & Barros)
Satz Sabon (Linotronic 500)
Gesamtherstellung Clausen & Bosse, Leck
Printed in Germany
1290-ISBN 3 499 19954 8

Inhalt

Vorwort   7
Einleitung   8
von Gabriele Heise

Die Grundtechniken   17
  Was ist Co-Counseln?   19
  Wie fange ich an?   22
  Was geschieht in einer Arbeitssitzung?   30

Die Tiefenarbeit   41
  Die Grundlagen des Co-Counselns   43
  Den alten Schmerz aufspüren   49
  Wandlung durch die Katharsis   59
  Die neue Freiheit   64
  Die Stärkung des Ich   72
  Was man beim Co-Counseln vermeiden sollte 80

Co-Counseln für Fortgeschrittene   83
  Rollenspiele   85
  Leitsätze   91
  Mit Gegensätzen arbeiten   95
  Körperliche Aktivierung   99
  Tiefenwahrnehmung   102
  Tips für den Counselor   106
  Projektionen   115
  Die Balance der Aufmerksamkeit   120

Die Co-Counsel-Gruppe   125
Co-Counseln – ein Ausblick   135
Literatur und Hinweise   141

Vorwort

Dieses Buch ist aus der Praxis entstanden. Ihm liegen die langjährigen eigenen Erfahrungen mit dem Co-Counseln zugrunde. Vieles davon basiert auf den Seminaren und Workshops des Niederländers Roelof Roggema und ist im Kern auch in der englischsprachigen Literatur enthalten, in erster Linie in den Schriften von John Heron, Rose Evison und Richard Horobin.

Aus Gründen der Vertraulichkeit sind alle Namen und Ortsangaben verändert worden. Um den Sitzungsablauf für den Leser deutlicher zu machen, wurden fast alle Beispiele in gekürzter Form dargestellt, d. h. die in dem jeweiligen Zusammenhang unwesentlichen Dialogteile wurden herausgenommen. Da wir uns beim Co-Counseln grundsätzlich mit du anreden, wird diese Anrede hier im Buch ebenfalls verwendet. Und um die Darstellung einfach zu halten, sind mit den Bezeichnungen «Klient», «Counselor» usw. immer sowohl weibliche als auch männliche Teilnehmer gemeint.

Wir hoffen, eine Darstellungsform gefunden zu haben, die dem Leser hilft, unsere Anleitungen mit Gewinn in die Praxis umzusetzen.

Einleitung

von Gabriele Heise

Co-Counseln (gesprochen: Ko-Kaunßeln), oder Co-Counseling, wie es im englischen Sprachraum heißt, bedeutet soviel wie: sich gegenseitig beraten. Das Co-Counseln wurde in den fünfziger Jahren von einem Amerikaner namens Harvey Jackins begründet. Er nannte es *Re-evaluation Counseling* – ein fast unübersetzbares Wort, das meint: neue Maßstäbe, neue Sichtweisen und Werte finden mit Hilfe einer selbstgesteuerten gegenseitigen Beratung.

In Europa blieb die Methode relativ unbekannt. Erst in den letzten Jahren fand sie hier Anhänger – vor allem in England. Dort besteht inzwischen eine recht aktive Gruppe, die Workshops anbietet und Texte zum Co-Counseln veröffentlicht.

Die wichtigste Annahme des Co-Counselns ist, daß jeder Mensch über große Potentiale verfügt, liebevoll, kreativ, vernünftig und lebendig zu sein. Damit könnte er eigentlich ständig neue und angemessene Antworten auf all seine Probleme finden – nicht nur individuell, sondern auch kollektiv. Diese Potentiale sind jedoch häufig blockiert. Die Reaktionen fallen deshalb starr, stereotyp und wenig originell aus. Das Verhalten, das Denken, das Erleben zeigen die immergleichen Muster, die nur schwer zu erkennen, noch schwerer zu kontrollieren und am schwersten zu verändern sind.

Diese Muster – so eine Hauptthese der Theorie – stammen aus seelisch schmerzhaften Erfahrungen, die nicht verarbeitet, sondern nur verdrängt worden sind. Je früher diese Schmerzen erlebt wurden – also meist in der Kindheit –, desto gründlicher sind diese Bereiche in uns verriegelt. Sie zeigen sich nur noch in unklaren Spannungszuständen, Streß und dumpfem Druck. Wir wissen nicht, was dahintersteckt. Wir wollen es auch nicht wissen, denn diese Erkenntnis wäre mit Schmerzen, Trauer oder Wut verbunden – Gefühle, die wir fürchten, denn sie sind sozial nicht anerkannt. Würden wir sie frei äußern – so unsere Angst –, dann drohten uns Einsamkeit und Isolation.

Immer wenn die alten Schmerzen spürbar werden, wehren wir sie ab, indem wir uns innerlich «totstellen» und stereotyp, eben in Mustern, reagieren. Für diese Abwehr opfern wir oft große Teile unserer potentiellen Lebendigkeit. Nach dem Motto: Sicherheit verlangt ihren Preis.

Gelingt es aber – und das ist das Bemühen des Co-Counselns –, diese Verkrustungen zu erkennen, die alten Schmerzen dahinter erneut zu fühlen und sie uns und anderen sichtbar zu machen, dann können die alten Wunden allmählich heilen. Unsere Spontaneität wächst. Wir müssen uns nicht mehr aus Gründen unserer «inneren Sicherheit» vor Eindrücken verschließen, die uns emotional berühren könnten. Unsere Kräfte stehen uns voll zur Verfügung, sie sind nicht mehr in alten Ängsten gebunden. Um diesen neuen – wie ich finde – verheißungsvollen Zustand zu fördern, gibt es nun im Co-Counseln verschiedene Methoden. Sie werden in diesem Buch ausführlich vorgestellt.

Die grundlegende Theorie des Co-Counselns ist nicht neu. Die meisten therapeutischen Methoden gehen auf ähnliche Annahmen zurück. Beim Co-Counseln wird jedoch ohne das klassische Setting Patient/Therapeut gearbeitet. Es ist eine Selbsthilfemethode, in der sich Laien psychotherapeutisch so weit ausbilden lassen, daß sie sich wechselseitig helfen können.

Wie sieht das praktisch aus?

Co-Counseln ist – kurz gesagt – eine Technik des konzentrierten Zuhörens. Man arbeitet zu zweit – einer spricht und ist der «Klient», der andere hört zu und ist der «Counselor». Nach einer verabredeten Zeit werden die Rollen gewechselt.

Des weiteren gibt es diverse Interventionsmöglichkeiten, mit denen der Counselor die Arbeit seines Partners unterstützen kann. Sie werden dann eingesetzt, wenn der Prozeß stockt, also wenn der

Sprechende offenbar Gefühle verdrängt, übersieht oder nicht deutlich spürt. Es liegt jedoch ganz bei dem, der an einem Problem arbeitet, ob er diese Interventionen annimmt oder nicht. Er selber entscheidet, wie weit er sich öffnen will.

Wichtig ist, daß beide an die Reihe kommen – notfalls in der nächsten Sitzung, falls die Zeit nicht mehr reicht. Es darf keine Hierarchie entstehen. Beide sollen erfahren, daß sie sowohl als Counselor als auch als Klient Kompetenzen haben. Dadurch entfallen Gefühle von Dankbarkeit, Beschämung oder Abhängigkeit. Auch ist es eine heilsame Erfahrung, nach der Regression in Schmerz und Verzagtheit als Klient schon kurz danach als Counselor zu agieren und zu erleben, daß auch Stärke und Einfühlungskraft zur eigenen Person gehören. Das Aufdecken und Bearbeiten von Gefühlen geschieht im wesentlichen verbal. Man sucht nach Worten, um einen inneren Zustand, ein Problem, einen Gedanken auszusprechen. Dieses Aussprechen hat nicht die Funktion, dem Counselor etwas zu erklären. Das ist – im Gegenteil – völlig nebensächlich, ja sogar eher kontraproduktiv. Vielmehr ist die Suche nach Worten ein Vehikel, um sich selbst klarer darüber zu werden, was los ist, wo man steht und was gerade anliegt. Es geht um Selbstklärung. Das Aussprechen ist dabei ein Weg, um den inneren Monolog, in dem wir mit uns selbst stehen, im Beisein eines Zeugen nach außen zu wenden. Er wird dadurch für uns realer, konkreter und einsichtiger.

Bei diesem Selbst-Thematisieren geht es jedoch vor allem darum – und das ist die therapeutische Dimension des Counselns –, die Gefühle aufzudecken, von denen unser tägliches Leben, unsere Handlungen und unsere Überlegungen begleitet und durchzogen sind. Dadurch werden die eigenen Motive, Zweifel, Ängste, Aggressionen oder Sehnsüchte transparenter. Wir können sie in unser Bewußtsein integrieren und machen nicht ständig uns selbst oder unsere Mitmenschen zum Opfer verdeckter Konflikte.

Intensive Co-Counsel-Sitzungen können zu einer emotionalen Katharsis führen. Sie drückt sich in Weinen, Schreien, Gelächter und anderen sichtbaren Reaktionen aus. Das klingt dramatisch und kann auch – gerade für Anfänger – erschreckend sein. Aber es geht eben darum, alte Schmerzen noch einmal zu durchleben. Erst dann verlieren sie ihren Schrecken und sind in die Persönlichkeit integrierbar. Nur abstrakt über Gefühle zu reden ist eine unproduktive, jedoch von uns allen angewandte Methode, um sie noch mehr zu domestizieren. Man «weiß» dann zwar alles über sich, läßt aber die eigenen Grundstrukturen im wesentlichen unangetastet.

Für wen ist Co-Counseln zu empfehlen?

Wer irgendwann einmal auf der Couch oder im Sessel eines Therapeuten gelandet ist, dem sind Vorteile und Grenzen einer solchen Reise nach innen sicher klar. Ihre Vorteile liegen darin, sich selbst gut kennenzulernen und auch ungeliebte Anteile der eigenen Person zu verstehen und zu akzeptieren. Jede Therapie ist eine geschützte Beziehung zu einem Menschen, der unverbrüchlich zu einem hält, keine Verurteilungen, keine Kritik äußert und zum intimen, zuverlässigen Vertrauten wird. Dadurch gelingt es leichter, zu sich selbst ebenfalls ein Verhältnis zu finden, das auf Abwertung, Kritik, Selbsthaß verzichten kann und von einer Grundloyalität gegenüber den eigenen Motiven und Konflikten geprägt ist. Man wird sozusagen «gut Freund» mit sich selber.

Die Grenzen einer Therapie liegen ebenfalls auf der Hand: Es ist eine Beziehung auf Zeit, sie muß teuer bezahlt werden, sie läßt sich nicht ohne weiteres in den Alltag übertragen, sondern stellt eine kostbare Nische dar, aus der man irgendwann wieder heraus muß.

Therapeutische Vorerfahrungen sind beim Co-Counseln hilfreich. Therapieerfahrene schrecken nicht so leicht vor ihren eigenen seelischen Abgründen zurück und sind darin geübt, emotionale Konflikte aufzuarbeiten. Auch in der Rolle des Counselors können sie die offen gezeigten Emotionen ihres Gegenübers leichter ertragen, ohne sie durch Trösten, Argumentieren oder hektisches Helfenwollen ersticken zu müssen. Diese Zurückhaltung ist sehr wichtig, denn der Counselor – so will es die Regel – hört im wesentlichen nur zu und hat nicht die Aufgabe, Diagnosen zu stellen und Problemlösungen für den anderen zu suchen. Er unterstützt lediglich die Selbstklärung und übernimmt keinerlei Verantwortung für deren Verlauf und Ergebnis.

Das Co-Counseln bietet die Vorteile einer psychologischen Selbstreflexion, ohne dabei die Grenzen einer konventionellen Therapie in Kauf nehmen zu müssen: Beim Co-Counseln sind die Partner gleichwertig. Der Kontrakt zwischen ihnen beruht auf Gegenseitigkeit und nicht auf Bezahlung. Sie verabreden sich, wenn ihnen danach zumute ist, und gehen keine langfristigen Verpflichtungen miteinander ein, wenn sie das nicht wollen. Die Beteiligten haben vor allem den Wunsch, mit sich selbst in innerem Kontakt zu bleiben. Sie wollen sich in ihren Fragen und Problemen allein helfen und nicht therapiert werden. Sie wissen aus eigener Erfahrung: Alles, was ausgesprochen, bearbeitet und geklärt ist, braucht nicht länger im Inneren zu grummeln und zu drücken. Gebundene Energien werden freigesetzt, das Lebensgefühl wird klarer und angenehmer. Das ist ihr Grundkonsens, und deshalb treffen sie sich.

Das heißt nun nicht, daß Co-Counseln «glücklich macht». Konflikte haben oft tiefe Ursachen, und ehe diese nicht geklärt sind, wird sich auch das Lebensgefühl nicht wesentlich ändern. Aber Co-Counseln ist eine gute Methode, diesen Konflikten und ihren Ursachen auf die Spur zu kommen. Das Tempo der Selbstveränderung steigt, die Intensität nimmt zu. Der Kopf wird klar, weil die Dinge beim Namen genannt werden und ihre unbewußte Dynamik verlieren.

All diese Vorzüge können natürlich nur entdeckt werden, wenn es nicht beim Gelegenheits-Counseln bleibt. Man sollte schon versuchen, sich mit seinem Partner oder seiner Gruppe über einen gewissen Zeitraum hinweg regelmäßig zu treffen – auch dann, wenn es mal zu schwierigen Phasen kommt und man die Arbeit am liebsten abbrechen möchte. Häufig ist gerade diese Unlust ein Indiz dafür, daß es «heiß» wird und irgendeine Wahrheit ans Licht drängt, von der man lieber nichts wissen möchte.

Für wen ist Co-Counseln nicht geeignet?

Grundsätzlich kann jeder co-counseln, der dazu Lust hat und in die Methode eingeführt worden ist, z. B. durch einen erfahrenen Counselor oder durch einen Therapeuten. Dafür reichen zwei Wochenendkurse.

Wer ernsthafte psychische Störungen hat, der sollte vom Co-Counseln jedoch lieber die Finger lassen und sich professionelle Hilfe suchen. Co-Counseln ist eine Methode für Laien. Die Verantwortung für den Verlauf einer Sitzung trägt der Klient immer selbst. Liegen schwerwiegende Neurosen oder andere Erkrankungen vor, sind alle Beteiligten überfordert, sie auf diese Art und Weise zu bearbeiten. Dann kann Co-Counseln sogar schädlich werden, denn es verschafft vorübergehend Entlastung, fördert jedoch letztlich die Verschleppung der ursächlichen Probleme.

Es ist nicht leicht zu unterscheiden, wann ein Problem zu gravierend ist, um lediglich becounselt zu werden. Die Gruppe muß versuchen, füreinander so sensibel zu werden, daß sie über die jeweiligen Grenzen offen sprechen kann. Wie bei allen Selbsthilfemethoden sind Risiken nicht vollständig auszuschließen. Dennoch sind die Vorteile des Co-Counselns so einleuchtend, daß diese Einschränkungen das Ausprobieren des Co-Counselns nicht verhindern sollten.

Mit wem sollte man co-counseln?

Partner zum Co-Counseln sind leicht zu finden, denn grundsätzlich kann jeder die Methode erlernen. Während einer Sitzung ist es manchmal auch ganz egal, *wer* einem gegenübersitzt. Wichtig ist nur, *daß* jemand gegenübersitzt, denn nur dann kommt der Rede- und Gedankenfluß in Gang. Bei dem Versuch, sich über den eigenen Zustand klarer zu werden, wirkt allein die Präsenz des anderen wie ein Katalysator.

Besser ist es natürlich, wenn man für die Leute, mit denen man co-

counselt, Sympathie und Interesse aufbringen kann. Es liegt deshalb nahe, die Partner im eigenen Freundes- und Bekanntenkreis zu suchen. Dabei besteht die Gefahr, daß es mit der Disziplin hapert. Dann wird nicht gecounselt, sondern geratscht.

Ein weiterer Nachteil von sehr vertrauten Partnern ist auch, daß oft nicht an tieferen Gefühlen der Sympathie oder der Antipathie gearbeitet wird, um die Freundschaft nicht zu gefährden. Dann kann nicht deutlich werden, daß immer eigene Projektionen darüber entscheiden, wen wir mögen und wen nicht, und welche Projektionen das sind.

Um zwischen mehreren Partnern zum Co-Counseln wählen zu können, ist es günstig, wenn eine ganze Gruppe zusammenkommt, die die Methode erlernen will und sich von einem professionellen Trainer einarbeiten läßt. Danach geht es dann weitgehend ohne Fachmann. Die Paare, oder auch die ganze Gruppe, verabreden sich eigenständig miteinander. Eine gewisse Regelmäßigkeit ist wichtig. Je größer die Abstände zwischen den einzelnen Treffen sind, desto schwieriger ist es, wieder in die Arbeit hineinzukommen. Manche Konflikte, die in der vergangenen Sitzung aufgebrochen sind, sind dann schon wieder unbearbeitet verdrängt worden.

Es ist deshalb entscheidend, daß alle Gruppenmitglieder bereit sind, die Verbindlichkeiten, auf die sie sich geeinigt haben, einzuhalten. Nach meiner Erfahrung ist das nicht schwierig. Gerade in einer Großstadt gibt es viele Menschen, die sehr froh sind, wenn sie verläßliche soziale Kontakte aufbauen können.

Das Co-Counseln erlaubt jedoch auch, Begegnungen wirklich nur auf die Sitzungen zu beschränken, und verpflichtet niemanden zu einer Zwangsgemeinschaft. Es kann ein reiner Arbeitskontakt sein, den zwei Partner oder eine ganze Gruppe miteinander pflegen. Manchmal ist das sehr entlastend. Der andere oder die anderen sind ja intim mit allem vertraut, was einen bewegt. Da kann es schon sein, daß Distanz im Alltag wohltuend wirkt. Jeder lebt sein Leben und verabredet sich mit den Partnern nur, um die Seele mal kurz aufzuschütteln und mit Hilfe der anderen für sich zu klären, was gerade anliegt.

Meine Erfahrung ist, daß selbst aus solchen Arbeitsbeziehungen allmählich Freundschaften werden – schon allein deshalb, weil sich der Umgang zwischen Co-Counsel-Erfahrenen wohltuend von vielen anderen Kontakten unterscheidet. Der Small talk fällt leichter weg, man kommt eher auf den Punkt, hat intensivere und ehrlichere Gespräche und nimmt Anteil am Leben der anderen.

Die Grundtechniken

Was ist Co-Counseln?

CO-COUNSELN ist eine Wachstumsmethode, mit der wir uns als Laien gegenseitig helfen, unsere Probleme zu klären und aufzulösen. Und damit gewinnen wir mehr Freiheit, Gesundheit und Selbstbestimmung. Es arbeiten jeweils zwei Personen zusammen: eine übernimmt die Rolle des «Klienten» und die andere die des «Counselors». Beide Rollen sind gleichwertig. Nach einer vorher vereinbarten Zeit (z. B. 30 Minuten) werden die Rollen getauscht.

Als KLIENT spreche ich über mein Thema mit dem Ziel, es für mich selbst zu klären und eine mir gemäße Lösung zu finden. Ich selbst bin für das Ergebnis meines Tuns verantwortlich. Ich entscheide, woran ich arbeiten will, wie lange und mit welchen Methoden. Ich kann Vorschläge des Counselors annehmen oder ablehnen.

Als COUNSELOR bin ich Ansprechpartner für den Klienten und ganz für ihn da. Ich höre intensiv zu, nehme den Klienten an, so wie er ist, und lasse ihn seine eigenen Lösungen finden. Ich äußere weder Kritik noch Wertungen, Ansichten oder Ratschläge. Ich schaffe einen geschützten psychischen Raum, in dem der Klient seine Gefühle angstfrei ausdrücken kann.

Nach einiger Praxis im Co-Counseln lernen wir bestimmte Techniken, mit denen der Counselor in den Klärungsprozeß helfend eingreifen kann. Der Klient bestimmt dabei zu Beginn der Partnerarbeit, ob und in welchem Ausmaß er solche Hilfen in Anspruch nehmen will. Ebenso kann er natürlich selbst bestimmen, wieviel und was er von sich preisgeben will.

Es müssen nicht immer dieselben beiden Personen miteinander co-counseln. Das ist der Vorteil einer Gruppe, die regelmäßig zusammenkommt: daß man von Fall zu Fall seinen Partner wählen kann. Es gibt aber auch feste Co-Counsel-Partnerschaften zwischen zwei Personen, die monate- oder jahrelang bestehen.

Die Vereinbarungen

Wer co-counseln will, muß in der Lage sein und sich ausdrücklich bereit erklären, einige grundsätzliche Vereinbarungen einzuhalten.

- Zwei Personen treffen sich zu dem ausschließlichen Zweck, miteinander zu co-counseln. Jede von beiden übernimmt einmal die Rolle des Counselors und einmal die Rolle des Klienten. Die zur Verfügung stehende Zeit wird gerecht aufgeteilt, so daß jeder gleich lange an seinem Problem arbeiten kann (z. B. zwei Sitzungen zu je 30 Minuten).
- Es wird vereinbart, wer zuerst Klient sein soll.
- Der Counselor äußert weder Kritik noch eigene Meinungen, Diagnosen, Ansichten, Ratschläge oder Wertungen.
- Der Klient arbeitet selbstverantwortlich; d. h. er bestimmt Thema und Ablauf. Der Counselor ist kein Therapeut und hat kein irgendwie geartetes Ergebnis beim Klienten zu erzielen.
- Nach der verabredeten Zeit werden die Rollen getauscht: Der bisherige Klient wird jetzt Counselor, und der bisherige Counselor wird jetzt Klient und arbeitet an einem eigenen Thema.
- Nach der Co-Counsel-Sitzung wird nicht mehr über die bearbeiteten Themen oder den Ablauf der Sitzung gesprochen, weder zwischen den Co-Counsel-Partnern noch Dritten gegenüber. Alles Gesagte ist streng vertraulich.

Werden diese Grundregeln nicht befolgt, kann sich der Klient nicht wirklich sicher und geschützt fühlen – also auch nicht innerlich loslassen, um seinem Problem auf den Grund zu gehen.

Bei Gründung einer Co-Counsel-Gruppe verpflichten sich alle Teilnehmer, diese Vereinbarungen einzuhalten.

Das Wesentliche beim Co-Counseln ist, daß der Klient für seine Nöte und Probleme Gehör findet und damit angenommen wird. Dadurch gerät seine – subjektiv festgefahrene – Lage wieder in Fluß. Durch das Aussprechen seiner Schwierigkeiten werden diese objektiviert, d. h. sie nehmen durch das Wort Gestalt an; der Sprechende steckt nicht mehr unmittelbar mittendrin, sondern kann einen Schritt zurücktreten, sie betrachten und sich damit auseinandersetzen; d. h. die Probleme werden wieder handhabbar!

Während man sich beim einsamen Durchdenken eines Problems oft im Kreise bewegt oder abschweift, arbeitet man in Anwesenheit eines Counselors erfolgreicher. Als Klient hat man einen Zuhörer, bei dem man Resonanz findet. Man bleibt näher am Thema, versucht, möglichst klare Formulierungen zu finden, Zusammenhänge herzustellen und zum Kern des Problems vorzudringen. Dadurch kommt man in jeder Co-Counsel-Sitzung einen Schritt weiter: Wenn nicht das ganze Problem in einer Sitzung geklärt wird, so doch zumindest ein Teilbereich. Im Bewußtsein entsteht ein freier Raum, der dann von neuen Teilaspekten besetzt wird, die aus tieferen Schichten auftauchen und wiederum einen Schritt weiter führen.

Wie fange ich an?

Wenn wir uns zu zweit zum Co-Counseln zusammengesetzt haben, verabreden wir, wer anfängt. Das kann derjenige sein, der sich von seinem Problem am stärksten bedrängt fühlt. Oder der im Co-Counseln Erfahrenere. Wenn man zu keiner Entscheidung findet, kann man auch Streichhölzchen ziehen. Falls über die Sitzungsdauer keine Gruppenvereinbarung vorliegt, verabreden wir auch, wie lange wir counseln wollen.

Der Klient nennt sein Thema

Ein Thema ist ein unerledigter Gedanke, den ich weiterführen möchte, oder eine Sache, der ich auf den Grund gehen oder über die ich Klarheit gewinnen will. Z. B.: Wie kann ich mich dazu bringen, zum Zahnarzt zu gehen? Oder: Warum kann Armin mich nicht leiden? Oder: Warum habe ich solche Schwierigkeiten mit meiner Schwester usw.

Ein Co-Counsel-Thema muß immer etwas mit mir zu tun haben, denn es geht ja darum, an mir etwas zu verändern.

Der Klient spricht alles aus

Wenn ich als Klient ein Thema ausgewählt und es dem Counselor genannt habe, spreche ich darüber, d. h. ich sage alles, was mir zu diesem Thema in den Sinn kommt.

Ich spüre in mich hinein. Ich spule nicht bloß einfach Gedanken-ketten ab, sondern spüre dem nach, was an dem Thema für mich wichtig ist und was mich innerlich bewegt.

Ich traue mich hinzuschauen! Alle Co-Counsel-Themen haben auch mit unangenehmen Dingen zu tun. Wenn das nicht so wäre, bräuchte ich nicht darüber zu counseln. Jeder Mensch hat gute und böse Gedanken und Gefühle, schöne und häßliche. Die weniger schönen sind entstanden, weil mein Ich beeinträchtigt worden ist. Um mein Ich zu heilen, muß ich sie anschauen, so wie ein Arzt, der sich Wunden und Verletzungen anschaut. Ich brauche mich dabei vor dem Counselor nicht zu schämen; er ist ja da, um mich zu unter-stützen. Wenn mir unangenehme und häßliche Gedanken zu dem Thema kommen, unterdrücke ich sie also nicht, sondern spreche sie aus!

Beispiel

Der Klient spricht, der Counselor hört zu:
  Klient: Mein Thema ist «Abnehmen». Ich möchte so gerne ab-nehmen! Wenn ich in den Spiegel schaue, bin ich ganz verzweifelt. Schrecklich! Das ist so häßlich, all das Fett, die dicke Figur! Ich kann mich selbst nicht mehr leiden! (Steht auf, geht herum, ballt die Fäuste.) Und auf Fotos – widerlich! Zum Kotzen! Wenn ich mich ablenke und nicht daran denke, fühle ich mich gut, aber wenn ich mich dann im Spiegel sehe, könnte ich schreien! Dabei war ich frü-her immer schlank…

Der Klient beendet die Sitzung

Es ist meine Sache als Klient, die Sitzung zu beenden.
  Der Counselor achtet zwar auf die Zeit und macht mich auf das Ende der vereinbarten Zeitspanne aufmerksam; ich breche dann aber nicht mitten im Satz ab, sondern spreche weiter, bis

ich meinen Gedanken abgeschlossen habe. Wenn ich fertig bin, mache ich mit einem Satz deutlich, daß ich soweit bin, z. B.: *«Das war's!»*

Der Counselor wendet sich dem Klienten zu

Als Counselor zeige ich dem Klienten meine Zuwendung durch:

- **Die Körperhaltung:** Ich wende mich wirklich dem anderen zu, d. h. ich setze mich so, daß ich ihn von vorn voll ansehen kann. Dabei lasse ich den Klienten den Abstand zwischen uns bestimmen; je nach Sensibilität braucht ein Mensch einen Anfangsabstand zwischen einem halben und zwei Metern, um sich wohl zu fühlen. In emotional geladenen Situationen zeigt der Klient unter Umständen das Bedürfnis, diesen Abstand zu unter- oder zu überschreiten.

- **Blickkontakt:** Wenn ich mich meinem Gesprächspartner zuwende, nehme ich Blickkontakt auf, d. h. ich sehe ihm in die Augen. Manche Menschen vertragen keinen länger dauernden Blickkontakt; sie werden dabei unruhig und fühlen sich irritiert. Solche Menschen schaue ich trotzdem an. Dabei darf mein Blick allerdings keine Forderung oder Bitte, kein Mitleid, keine Aggression und keine sonstigen Appelle oder Gefühle enthalten. Er zeigt lediglich, daß ich für alles offen bin. Der andere wird von sich aus den Blick abwenden, wenn er mir nicht in die Augen schauen will. Während des Gesprächs sehe ich den Gesprächspartner ständig an, um zu signalisieren, daß ich ihm zuhöre.

- **Körperkontakte:** Daß ich für den anderen da bin, kann er auf sehr elementare Weise durch Körperkontakte erfahren, je nach Situation durch ein Streicheln, eine Umarmung oder das Halten der Hand oder beider Hände.
  Körperkontakte sind besonders hilfreich, wenn bei der Bearbeitung von Gefühlen der Augenkontakt wegen einer Gemütsbe-

wegung des Klienten nicht mehr möglich ist. Allerdings kann körperliche Berührung auch hemmend auf den Klienten wirken und ihn stoppen – vielleicht weil er früher bei einer Berührung seine Gefühle unterdrückt hat.

Die Berührung sollte also immer vom Klienten und seinen Bedürfnissen ausgehen. Als Counselor halte ich mich für solche Kontakte bereit. Wenn die Partner sich noch nicht gut kennen, können sie auch vor der Sitzung im Rahmen der Verabredungen darüber sprechen.

- **Stimmfühlung:** Der Stimmkontakt ist gewissermaßen eine Erweiterung des Körperkontakts, da er ebenfalls meine Nähe signalisiert. Ich kann mein Dabeisein durch ein gelegentliches «Ja», «Hm» etc. zeigen.

- **Freundlichkeit** ist unmittelbarer Ausdruck der Zuwendung. Ich lächele meinen Partner an, zeige ihm, daß ich an seinem Befinden interessiert bin, und gebe auch meiner Stimme einen freundlichen Klang.

Es ist wichtig, daß alle diese Signale der Zuwendung gegeben werden, ohne einen Anspruch an den Klienten zu erheben; wir alle haben schon erlebt, wie erstickend eine «vereinnahmende Zuwendung» sein kann! Die bedingungslose Zuwendung, die den anderen nicht verändern will, verringert die Spannungen im Klienten. Das wirkt befreiend, und dadurch kann er seine Rollen, seine Schutzvorrichtungen und Bewältigungsmechanismen für einen Augenblick loslassen.

Es ist nicht immer leicht, als Counselor die Zuwendung aufrechtzuerhalten. Wenn ich den Klienten nicht mehr ansehe, ist dies meist ein Zeichen dafür, daß ich abgelenkt bin. Auch das Geben von Zuwendung müssen wir erst lernen. Der erste Lernschritt ist, Ablenkungen zu erkennen.

Der Counselor schafft einen geschützten psychischen Raum

Als Counselor schaffe ich diesen geschützten Raum für den Klienten dadurch, daß ich ihm Zuwendung gebe und mich an die Verabredung, daß von mir keinerlei Kritik, Einwände, Erwartungen o. ä. kommen, halte. Außerdem spreche ich nach der Sitzung nicht mehr über das Gehörte. Denn es nützt nichts, wenn ich mich während der Sitzung an diese Regeln halte, hinterher aber anfange, zu kritisieren oder «gute Ratschläge» zu geben. Dann kann der Klient in Zukunft kein Vertrauen mehr zu mir haben.

Als Counselor akzeptiere ich die Gefühle des Klienten, setze sie nicht herab, verneine sie nicht, verleugne sie nicht. Dann gewinnt der Klient Vertrauen, entspannt sich, läßt seine Verteidigungs- oder Abwehrbereitschaft beiseite, konzentriert sich ganz auf sein Problem und öffnet sich. Das ist der Kernpunkt des Co-Counselns: Wenn der Klient seine Gefühle in einer sicheren Umgebung offen zeigen kann, kann er sie auch entladen und dadurch seine starren Verhaltensmuster aufbrechen.

Durch meine Arbeit als Counselor helfe ich sozusagen einem autonomen Wesen bei seiner zweiten Geburt! Ich verhelfe einem Menschen zu mehr Selbstbestimmung. Sein Wesenskern, sein eigentliches Ich, wird befreit. Er gebiert sich selbst – als Reaktion auf die Gewißheit, geliebt, umsorgt und respektiert zu werden.

Der Counselor hört zu

Als Counselor akzeptiere ich alles, was der Klient sagt oder tut. Ich nehme die Eindrücke so auf, wie ich sie empfange. Ich darf nichts Bestimmtes erwarten und auch nichts wollen. Ich werte und beurteile nicht. Wenn mir während des Zuhörens Begriffe, Bilder oder Empfindungen in den Sinn kommen, registriere ich sie, reagiere aber nicht darauf.

Zuhören ist in manchen Fällen das einzige, was ich für einen

Menschen tun kann. Zuhören ist eine Kunst, die erlernt und geübt werden muß. Der Anfänger sollte als Counselor die ersten sechs bis zehn Sitzungen nur damit verbringen, das Zuhören zu üben! Wer das Co-Counseln in einem Wochenendseminar kennenlernt, bekommt oft den Eindruck, daß er sofort alles können und beherrschen muß. Dem ist aber nicht so, man sollte sich für die einzelnen Lernschritte lieber genügend Zeit lassen!

Im Gegensatz zum normalen Gespräch gibt es beim Co-Counseln kein Antworten! Das ist für mich als Counselor eine große Erleichterung und versetzt mich in die Lage, wirklich für den Klienten dazusein. Denn in meinen üblichen Gesprächen glaube ich, ständig antworten zu müssen, und folge dabei oft meinen eigenen Verhaltensmustern.

In den ersten Sitzungen übe ich nur, alle Antwort-Impulse beiseite zu lassen. Das gibt mir die Freiheit, ganz bei mir zu sein, denn ich muß ja nichts tun oder sagen! Diese Gelassenheit schafft eine Atmosphäre, die es dem Klienten erleichtert, seine Gedanken zu formulieren und auszusprechen.

Zum Zuhören gehören auch Signale: Während der Klient spricht, gebe ich ihm verbale oder nonverbale Rückmeldungen wie z.B. «Ja», «Hm», «Aha» oder ein Kopfnicken. Ich vermittele damit, daß das, was er sagt, bei mir ankommt. Meine Rückmeldungen sind grundsätzlich neutral, d. h. ich lasse in meiner Stimme keinen Zweifel, keine Ablehnung o. ä. mitschwingen. Ich zeige keine Ungeduld; denn oft rückt ein Mensch erst nach einer gewissen Anlaufzeit mit seinem eigentlichen Problem heraus.

Ich brauche auch nicht zu verstehen, wovon der andere spricht, denn es geht ja nicht darum, daß ich informiert werde, sondern darum, daß der Klient sein Problem für sich klärt.

Die Wirkung des bloßen Zuhörens zeigt auch eine Äußerung wie: «Das hat gut getan! Ich habe das noch nie im Leben jemandem so im Zusammenhang erzählen dürfen!»

Die ersten Sitzungen

Die ersten Sitzungen dienen vor allem dem Zweck, die eben beschriebenen Verfahrensweisen des Co-Counselns einzuüben. Sie sollten daher noch nicht die Lösung tiefgehender Probleme zum Ziel haben, sondern sich mit punktuellen Ereignissen beschäftigen. Die ersten Sitzungen sollten fünf bis zehn Minuten dauern und etwa folgendermaßen ablaufen:

Es wird vereinbart, wer anfängt und wie lange die Sitzung dauern soll.

Der Klient	Der Counselor
▪ sucht (sprechend) ein Thema und nennt es dem Counselor	▪ gibt Zuwendung, hört während der ganzen Sitzung zu
▪ spricht alles aus, was ihm zu dem Thema einfällt	▪ achtet auf die Zeit
▪ beendet die Sitzung	▪ sagt Bescheid, wenn die Zeit abgelaufen ist
▪ bedankt sich beim Counselor	▪ bedankt sich beim Klienten

Beispiel

In der Gruppe wurde vorgegeben, daß jeder fünf Minuten lang counselt. Die Teilnehmer setzen sich auf gegenüberliegende Kissen.

1. Teilnehmer: Wer fängt an?

2. Teilnehmer: Fang du an!

1. Teilnehmer: Gut, dann bin ich der Klient.

2. Teilnehmer hat seine Uhr neben sich gelegt und schaut den Klienten an: Ja.

Klient: Ich will über den Ärger mit meiner Frau counseln. Ich habe mich heute über sie geärgert. Wir hatten ein kaputtes Einmachglas mit Kirschen im Kühlschrank, und ich sage zu ihr: «Was soll das denn hier? Schmeiß das doch weg!» Und was sehe ich heute mittag?

Counselor macht ein fragendes Gesicht.

Klient: Gibt sie doch dem Jungen von dem Kirschkompott! Ich nehme die Schüssel und kippe sie in die Spüle – und da sind doch tatsächlich Glassplitter drin! Da bin ich vielleicht wütend geworden! Ich sage zu ihr (*schreit*): «Wenn das Kind die jetzt in den Mund gekriegt hätte! Oder runtergeschluckt! Der hätte sich doch verletzt! Was hättest du denn dann gemacht!?»

Counselor nickt mit dem Kopf.

Klient: Die ist so dumm, da gibt's überhaupt keine Worte für! (*zum Counselor:*) Was sagst du dazu?

Counselor schaut den Klienten an.

Klient: Dabei hatte ich es ihr extra vorher gesagt! So etwas darf doch einfach nicht passieren! Das ist doch nicht normal!

Counselor schaut den Klienten an, schaut auf die Uhr: Noch zwei Minuten!

Klient spricht weiter über das Thema.

Counselor: Jetzt mußt du langsam zum Schluß kommen.

Klient: Ja, gut. Dann höre ich jetzt auf. Vielen Dank fürs Zuhören!

Counselor: Vielen Dank für dein Vertrauen!

Aufgaben

Als Klient:

- Sprich fünf Minuten über die Themen «Wie ich neulich Angst hatte» oder «Ich habe mich so gelangweilt!»
- Sage deutlich, wann die Sitzung zu Ende ist.

Als Counselor:

- Wende dich dem Klienten zu.
- Schaffe einen geschützten psychischen Raum.
- Höre zu.
- Überlege, wofür du dich am Schluß der Sitzung beim Klienten bedanken kannst und wie du das formulieren willst.

Was geschieht in einer Arbeitssitzung?

Der Klient befreit sich durch Reden

Wir alle kennen das Gedankenkarussell, das sich in unserem Kopf zu drehen beginnt, wenn wir vor einem Problem stehen. Wenn wir aber darüber sprechen und die Gedanken nach außen fließen lassen, entsteht ein freier Raum, durch den wir Ansatzpunkte finden, Ordnung in die Sache zu bringen.

Dadurch, daß wir unsere Gefühle und Gedanken formulieren, machen wir sie klarer und faßbarer, die Dinge haben plötzlich einen Namen! Darum sage ich als Klient zu Beginn, worüber ich counseln will. Dadurch setze ich zugleich ein Ziel und einen Rahmen für meine Arbeit in dieser Sitzung.

Der Klient tastet sich an das Problem heran

1. Wenn ich fünf oder zehn Minuten lang in Worte gefaßt habe, was mich bewegt, tritt schon eine gewisse Entspannung ein. Dann versuche ich, meine Gedanken zu ordnen. Ich frage z. B.:

- Wie hat sich das Ganze abgespielt: Was kam zuerst? Was danach?
- Was ist daran wichtig, was ist unwichtig?
- Was von den berichteten Dingen gehört zu meinem Thema? Was gehört nicht hierher?

2. Wenn ich dann die Geschichte einigermaßen überblicke, versuche ich, den Kern des Problems zu finden, z. B. indem ich frage:

- Warum ärgert mich das so? (Warum macht es mich traurig? Warum macht es mir angst?)

- Was steckt dahinter? Warum ist das so?
- Was will ich eigentlich?

Beispiel

Als Klient habe ich beschlossen, über das Thema «Abnehmen» zu counseln und habe auch schon darüber gesprochen. Nachdem ich mir alles von der Seele geredet habe (vielleicht auch schon während dieses Prozesses), fange ich an nachzudenken:

Klient: Warum ist das so? – Warum bin ich so dick? An sich weiß ich das ja. Ich esse zuviel. Und ich esse die falschen Sachen, Butterbrote sind mein liebstes! Ich habe einen schlechten Kreislauf, wenig Energieumsatz. Ich müßte also weniger essen, anders essen und mehr Bewegung haben. Das weiß ich alles. Ich muß nur einen gangbaren Weg finden, das in die Tat umzusetzen. Das ist der Kern meines Problems!

3. Als Klient bestimme ich allein den Fortgang meiner Arbeit. Ob ich den Kern des Problems finde und wie ich mit meiner Arbeit weiterkomme, liegt allein an mir. Der Counselor ist kein Arzt und auch kein Therapeut, der mir sagt, was ich tun soll! Er ist da, um mir Mut zu machen, aber nicht, um meine Probleme für mich zu lösen!

Beispiel

Klient: Mein Problem ist also: Ich muß einen Weg finden, weniger zu essen und anders zu essen und mir mehr Bewegung zu machen. Ich habe schon so viel versucht, aber das hat alles nichts genützt (*schaut den Counselor an*).

Counselor schaut den Klienten an, zuckt mit den Schultern.

Klient: Ich esse schon so wenig, morgens nur einen Keks zu meinem Kaffee und mittags zwei Scheiben Brot und abends einen Teller Gemüse, weil das gesund ist. Weniger geht ja bald nicht. Und ich habe auch solche Diäten aus den Frauenzeitschriften versucht, aber das ist ja dermaßen viel Arbeit: 100 Gramm Scholle kaufen und diese und jene Zutaten und Joghurt und eine Kartoffel, wer soll denn das alles zubereiten und kochen – dafür hab ich doch gar keine Zeit! Manche sagen ja, ich soll mich damit abfinden, wenn man älter wird, verändert sich halt die Figur... aber ich kann mich nicht dran gewöhnen! Was meinst du denn dazu? *(schaut den Counselor hilfesuchend an)*

Counselor: schaut den Klienten liebevoll an und schweigt.

Klient: Was soll ich bloß machen? Neulich, wie es so heiß war, habe ich mal gedacht, vielleicht geht es jetzt. Denn da hatte ich gar keinen Appetit. Ich wollte nur noch trinken. Ja, vielleicht geht das: während des warmen Wetters viel trinken und nur wenige, leichte Sachen essen. Ja, das probiere ich mal aus! Wenigstens eine Woche lang!

Hier hat der Klient so lange an seinem Thema gearbeitet, bis er eine Lösungsmöglichkeit für sich gefunden hat.

Der Counselor entspannt sich

Wenn der Klient ein Problem hat, befindet er sich gleichsam in einer Art Kriegszustand: Etwas macht ihm Schwierigkeiten, bringt ihn aus dem Gleichgewicht, beeinträchtigt ihn. Dieser Kriegszustand ist ein Zustand der Spannung. Und die Spannung kann der Klient nur in ein ihn umgebendes entspanntes Feld hinein loswerden, aber nicht, wenn der Counselor selbst Spannungen ausstrahlt.

Oft wird dem Klienten der Zustand des Umfeldes gar nicht bewußt, aber er spürt unterschwellig: Ein entspanntes Umfeld macht es ihm leicht, zu reden und seine Gedanken zu ordnen; er findet wie von selbst die richtigen Worte und sieht die Zusammenhänge. Er fühlt sich leichter und weniger angespannt oder bedrückt.

Entspannung wirkt heilend und belebend, die Starre der Muster lockert sich bereits ein wenig.

Als Counselor schaffe ich ein entspanntes Umfeld, indem ich zunächst mich selbst entspanne: Zu Beginn der Sitzung halte ich beide Hände in Höhe des Stirnansatzes waagerecht vor mich und führe sie dann langsam vor Gesicht, Hals und Brust nach unten. Dabei gebe ich mir den Befehl «Ich gehe aus dem Kopf» und drücke meine Körperenergie und meine Aufmerksamkeit aus dem Kopf in den Bauchraum hinunter. Das hat zur Folge, daß ich nicht mehr denke, sondern einfach da bin.

Gleichzeitig stelle ich meine Gefühle, Empfindlichkeiten und Vorurteile zurück, die jetzt stören würden. Ich kann sie später wieder hervorholen und thematisieren, wenn ich als Klient an der Reihe bin.

Zusätzlich kann ich – vor allem nach längerem Sitzen – aufstehen und Arme und Beine ausschütteln, das gibt mir ein Gefühl der Lockerheit und Gelassenheit.

Um das entspannte Feld während der Sitzung lebendig und wirksam zu erhalten, muß ich gelassen bleiben und mich nicht in den Gefühlsbewegungen des Klienten verlieren. Das braucht natürlich Übung. Hilfen dazu sind:

- Ich erde mich, indem ich energetisch die Verbindung mit der Erde herstelle. Wer dies noch nie gemacht hat, kann es zwischen den Sitzungen zu Hause üben, indem er sich z. B. vorstellt, daß aus seinen Fußsohlen Wurzeln in die Erde hineinwachsen, die einen Austausch zwischen der Erde und seinem Körper ermöglichen. Diese Übung stärkt auch den Menschen insgesamt in seiner inneren Sicherheit und seelischen Gesundheit.

- Ich lasse die Worte des Klienten durch mich hindurch in die Erde laufen. Dies sollte auch zwischen den Sitzungen in der Gruppe geübt werden.

Übungen für die Gruppe

- Während eine Person etwas Dramatisches erzählt, stellen die anderen sich vor, wie das Gehörte in ihnen nach unten durch die Beine in die Erde fließt. Nach einiger Übung spürt man das auch körperlich.
- In der Co-Counsel-Sitzung muß der Counselor grundsätzlich mit heftigen Gefühlsausbrüchen wie z. B. Schreien oder Weinen rechnen. Er darf sich dadurch nicht aus der Fassung bringen lassen. Zur Vorbereitung auf diesen Fall hilft die folgende Übung: Ein Mitglied der Gruppe tritt dicht vor einen anderen und schreit ihn an. Auch das läßt dieser durch sich hindurchlaufen, ohne mit der Wimper zu zucken.

Der Counselor muß den Unterschied zwischen der Rolle des Empfängers und der des Katalysators verstehen! Die vom Klienten kommende Information ist nicht an ihn als Empfänger gerichtet. Sie erwartet keine Stellungnahme von ihm, sondern ist eine Art Selbstgespräch. Darum macht der Counselor nichts mit dieser Information, sondern läßt sie durchlaufen! Wenn er das beherrscht, kann er beginnen, dem Klienten Hilfen zu geben. Wie dies geschieht, wird später noch ausführlich erläutert.

Der Counselor achtet auf den Arbeitsablauf

Sobald ich als Counselor geübt bin, in der Zuwendung und Entspannung zu bleiben, beginne ich, meine Aufmerksamkeit auf die Fortschritte des Klienten zu richten. Ich nehme nicht nur den Inhalt seiner Rede wahr, sondern achte auch darauf, wie er seinem Ziel, der Klärung seines Themas, näherkommt. (Darum ist es für den Counselor wesentlich, daß der Klient zu Beginn der Sitzung sagt, an welchem Thema er arbeiten will.)

Zunächst ist es ganz wichtig, daß ich dem Klienten nicht antworte, bis dieser gelernt hat, daß der Erfolg des Counselns von ihm allein abhängt und daß er sich um sein Weiterkommen kümmern muß. Danach kann ich als Counselor anfangen einzugreifen; und zwar zunächst in vier Fällen:

1. Der Klient findet keinen Anfang
Meistens braucht der Klient eine Weile, um sich für ein Thema zu entscheiden und den ersten Satz zu formulieren. Ich darf dabei als Counselor nicht vorschnell eingreifen, sondern kann ruhig fünf Minuten verstreichen lassen. Wenn aber dann aus dem Verhalten des Klienten ersichtlich wird, daß er immer noch unschlüssig ist, frage ich:

- Was denkst du?
- Was liegt obenauf?
- Woran möchtest du arbeiten?

Wenn der Klient durch sein Verhalten oder seinen Gesichtsausdruck zeigt, daß ihm etwas eingefallen ist, er aber zögert, es in Worte zu kleiden, so erleichtere ich ihm den Anfang:

- Was wolltest du gerade sagen? Sprich es aus!

2. Der Klient verstummt
Dann kann ich als Counselor seine Gedankengänge nicht mehr verfolgen. Aber auch für ihn selbst ist es wichtig, seine inneren Prozesse in Worte zu fassen und auszusprechen, weil er sie dadurch strukturiert! Ich fordere den Klienten auf:

- Sprich laut aus, was du denkst!

3. Der Klient hat den Faden verloren
Das kann ich daran erkennen, daß er nicht weiterspricht. Vielleicht werden seine Augen glasig, er scheint weit weg zu sein. Ich lenke ihn wieder auf das Ziel hin, indem ich sage:

- Du wolltest ergründen, warum...
- Du warst dabei, zu überlegen...

4. Der Klient kommt vom Thema ab
Er spricht von etwas ganz anderem. Es kann sein, daß er – wie es heißt – «vom Hölzchen aufs Stöckchen» kommt und sich in irgend-

welchen Erinnerungen verliert. Wenn ich als Counselor den Eindruck habe, daß der Klient die Richtung verloren hat, frage ich:

- Woran arbeitest du jetzt?
- Was ist jetzt dein Thema?

Beispiel

Beim Thema «Abnehmen» könnte das so aussehen:

Klient: ... und wie ich diese Diät gemacht habe, da sollte man sich auch viel körperlich betätigen. Also bin ich gewandert. Einmal war da ein besonders schöner Wanderweg nach A., auf dem ich früher einmal Herbert getroffen hatte, das ist ein Vetter von mir, der hat eine Zeitlang in Südamerika gelebt. Ich habe ja noch mehr Verwandte in Südamerika ...

Spätestens hier könnte ich als Counselor eingreifen und sagen: «Was ist dein Thema?» oder «Woran arbeitest du jetzt?»

Als Counselor beobachte ich auch die Körpersprache des Klienten, um zu sehen, wo er ausweicht, zögert, unsicher ist, mit Gefühlen kämpft, etwas verschweigt etc.

Ich achte ebenfalls auf den Tonfall seiner Stimme und die Zwischentöne, die mir etwas über die Gefühle des Sprechenden sagen können.

Dabei brauche ich die vom Klienten berichteten Sachzusammenhänge nicht unbedingt zu verstehen.

Beispiel

Der Klient berichtet mit ansteigender Stimme:

«Und da war ich in der Amundsenstraße, und da sagte der Alfred zu mir: ...»

Der Counselor weiß weder, wer Alfred ist, noch, was den Klienten in die Amundsenstraße geführt hatte. Er braucht es auch nicht zu wissen, hört aber an der Stimme, daß irgend etwas daran den Klienten aufregt.

Die Arbeitssitzungen

Wenn beide Übungspartner die bisher beschriebenen Arbeitsschritte beherrschen, können die Sitzungen allmählich ausgedehnt werden, von 10 auf 20 Minuten und dann auf 30 Minuten. Nicht alle Sitzungen müssen die gleiche Länge haben – auf eine halbstündige kann auch einmal eine 10-Minuten-Sitzung folgen, wenn es sich vom Thema her ergibt. Da dem Klienten noch nicht alle Lösungsmethoden zur Verfügung stehen, muß er zuweilen mit einem nur vorläufigen Ergebnis abschließen, wenn die vereinbarte Zeit abgelaufen ist.

Der Counselor übt sich im entspannten Zuhören. Dabei gibt er gleichzeitig Zuwendung. Wenn er dies beherrscht, sollte er anfangen, den Brennpunkt seiner Aufmerksamkeit vom Inhalt des Gesagten auf die Zielrichtung des Klienten und dessen innere Prozesse zu verlagern. Damit wird er eine ganze Reihe von Sitzungen lang zu tun haben; es wird ihm aber zunehmend leichter fallen, die einzelnen Schritte des Arbeitsablaufs zu erkennen.

Manchmal befürchten Klienten, daß sie den Counselor mit dem Erzählen schwerer Erlebnisse zu sehr belasten. Mit solchen Bedenken darf der Klient sich grundsätzlich nicht befassen! Es ist nicht seine Sache, ob der Counselor Probleme hat! Er ist jetzt Klient und muß sich um seine Arbeit kümmern! Wenn er sich für die inneren Prozesse des Counselors verantwortlich fühlt, vertauscht er die Rollen! Der Counselor muß selbst für sich sorgen und, wie oben beschrieben, Gelassenheit und Entspannung üben.

Sollte er sich dennoch durch den Schmerz des Klienten aus dem Gleichgewicht gebracht fühlen, hat er verschiedene Möglichkeiten:

- Er kann anschließend darüber counseln.
- Er kann direkt unterbrechen und sagen: «Ich muß mich erst wieder sammeln» bzw. «Ich kann jetzt nicht weitermachen!»
- Notfalls kann er auch für kurze Zeit mit dem Klienten die Rollen tauschen und über seine Gefühle counseln, bis er sich wieder im Gleichgewicht fühlt.

Eine Beispielsitzung

Klient: Ich will über meine Höhenangst counseln.

   Counselor: Ja.

   Klient: Also letzten Sonntag bin ich beim Wandern über die Autobahnbrücke bei A. gekommen, und da mußte ich wieder ganz in der Mitte gehen, weil ich näher am Geländer richtig Angst hatte. Ich hab's versucht, aber es ging einfach nicht! Und als ich die Brücke hinter mir hatte, kam ein Wanderweg, der führte rechts ab durch einen herrlichen Buchenwald. Und dann kam eine Kreuzung; der eine Weg führte zum Freilichtmuseum – warst du schon mal im Freilichtmuseum? Und der andere Weg ging zur Waldschenke. Da hatte ich voriges Jahr mit Ida ein prima Mittagessen gehabt, nämlich...

   Counselor: Über welches Thema willst du counseln?

   Klient: Ach so, ja, über die Angst auf Brücken. Warum ist das bei mir so? – Irgend etwas muß ich doch falsch machen? – Aber ich weiß nicht, was. – Als Kind habe ich nicht solche Ängste gehabt. Wann hat das angefangen? Ja, nach meiner Blinddarmoperation! Hat diese Blinddarmoperation etwas verändert? Ich fühlte mich danach lange sehr schwach und war auch körperlich down. Mir wird klar: Ich müßte die frühere körperliche Sicherheit wiedergewinnen! Das ist das Problem: Wie gewinne ich die körperliche Sicherheit des Kindes wieder?

   Counselor: Beschreibe mal das Erlebnis auf der Brücke genau!

   Klient (steht auf und spielt die Szene): Ja, also ich gehe da jetzt über die Autobahnbrücke, und wenn ich in die Nähe des Geländers komme, also näher als einen Schritt entfernt, dann wird mir schwindelig im Kopf, und ich muß mich festhalten und denke, ich falle.

   Counselor: Was war denn als Kind anders?

   Klient (schließt die Augen): Da bin ich z. B. mit dem Schlitten Kopf voran einen Berg hinuntergesaust und hatte keine Angst. Und ich habe gern auf Brücken gestanden. Ich war überhaupt mit beiden Beinen fest auf der Erde. He! Das ist es! Daran liegt es vielleicht! Ich bin nicht geerdet! Ich müßte mich erden! Die Verbindung mit der

Erde schaffen! *(stehend)* Ich lasse aus meinen Füßen Wurzeln wachsen in die Erde. Ganz tief hinunter, bis zum Erdkern, bis zum Mittelpunkt der Erde. Das fühlt sich schon anders an! Aber ich bin doch auf der Brücke, und da ist so viel Luft zwischen mir und der Erde? *(spürt hin)* Aber ich kann das Energiefeld spüren: die Erde und die Brücke und die Luft dazwischen und ich, das ist alles dieselbe Energie, ein einziges Energiefeld, das mich trägt. Die Erde trägt mich. Ja, das ist es!

Counselor: Du hast noch fünf Minuten. – Wie fühlst du dich jetzt auf der Brücke?

Klient: Ganz anders! *(versetzt sich wieder in die Szene)* Ich gehe jetzt ans Geländer – das geht! Ich kann sogar nach unten schauen! Nur die unter mir durchrasenden Autos, die stören mich noch. Aber die Erde trägt mich! Das probiere ich aus! Gleich morgen gehe ich zu der Brücke an der Aue. Und ich erde mich. Und ich sage: «Die Erde trägt mich!»

(zum Counselor) Vielen Dank! Ich glaube, das hilft! Ich werde dir über das Ergebnis berichten! Vielleicht werde ich dann sogar Spaß daran haben, so aus der Höhe auf das Wasser hinunterzuschauen...

Und vielen Dank für die Sitzung!

Counselor: Ich habe dabei viel gelernt. Vielen Dank!

Der Klient konnte das Problem auf diese Weise angehen, weil er im «Erden» und ähnlichen Körpertechniken geübt war.

Die Tiefenarbeit

Die Grundlagen des Co-Counselns

Anfangs war der Mensch unverbildet. Als Reaktion auf Einflüsse von außen traten Angst, Wut, Ärger, Enttäuschung und Kummer auf; wir bezeichnen sie hier zusammenfassend als «Schmerz».

Zur Vermeidung solchen Schmerzes blockierte der Mensch die schmerzenden seelischen oder Körperbereiche und benutzte nur noch Verhaltensweisen, die den Schmerz umgehen, sogenannte Muster. Das Befolgen dieser immer gleichen Muster bewirkt jedoch, daß der Mensch in seinen Lebensäußerungen starr und relativ unbeweglich wird.

Man kann Blockierungen und Muster ein Stück weit auflösen, indem man sie sich bewußt macht und die Ursachen des Schmerzes erneut lebendig werden läßt (Restimulation). Auf dem Höhepunkt dieses Nacherlebens erfolgt oft eine Gefühlsentladung, eine sogenannte Katharsis. Sie befreit den Menschen, er kann aus dem alten Muster heraustreten und sein Verhalten ändern. So wird er beweglicher, lebenstüchtiger und mehr er selbst.

Das Menschenbild

Im Idealzustand sind wir als Person liebevoll, wach, frei, voller Freude, intelligent, kreativ, kraftvoll und beweglich. Wir genießen das Leben, sind in Kontakt mit der Erde und dem Universum und erfüllen unsere Grundbedürfnisse nach Freiheit, Liebe, Wissen und Sicherheit.

Der Mensch lebt jedoch nicht im Idealzustand, sondern seine Möglichkeiten sind oft blockiert. Viele seiner Grundbedürfnisse werden nicht erfüllt. Er wird verletzt durch Erlebnisse wie z. B. die Trennung von geliebten Menschen, Krankheit, Unfall, Tod oder durch Fehlschläge. Auch Schmerzen, die Menschen sich gegenseitig zufügen, belasten uns sehr.

Diese Erlebnisse bringen uns innerlich aus dem Gleichgewicht und führen zu emotionalen Reaktionen, zu Kummer, Angst, Wut und anderen beunruhigenden Gefühlen. In der Sprache des Co-Counselns fassen wir alle diese Gefühle unter dem Begriff «Schmerz» zusammen.

Wenn wir Schmerzen haben, suchen wir nach einem Ausweg. Wir finden ihn fast immer in einer Handlungsweise, die den Schmerz umgeht und die wir uns dann zur Gewohnheit machen. So entsteht ein Muster.

Beispiel

Ein Kind ist auf dem Schulweg vom plötzlichen Bellen eines großen Hundes erschreckt worden. Es hat dabei solche Angst bekommen (der Hund war sehr nah, gleich auf der anderen Seite des Gartenzauns), daß es diesen Weg nicht mehr gehen mag, sondern von jetzt an eine andere Straße benutzt. D. h., es hat vor der Straße mit dem Hund eine (unsichtbare) psychische Schranke aufgebaut, eine Blockierung. Die Gewohnheit, jetzt immer (zwanghaft) den anderen Weg zu benutzen, ist das Muster.

Blockierungen und Muster

Es gibt körperliche, psychische und geistige Blockierungen. Eine körperliche Blockierung ist eine bleibende Muskelverspannung, die in einer Streßsituation entstanden ist, um uns vor Schmerz zu schützen. Sie kann z. B. in den Schultern und Armen sitzen, in den Beinen, der Brust, im Bauch oder in jedem anderen Körperteil. Körperliche Blockierungen können kleinste Muskelfasern oder große Teile des Körpers umfassen. Sie behindern unsere Beweglichkeit, manchmal unmerklich, manchmal aber auch erheblich, und sind mit psychischen Blockierungen gekoppelt, die ebenso verfestigte Ansichten,

Denkweisen, Gefühls- und Verhaltensmuster zur Folge haben, z. B. starre, unbegründete Überzeugungen von sich selbst und der Welt wie «Ich bin dumm/wertlos», «Trau niemandem!», «Männer dürfen keine Gefühle zeigen» usw.

Geistige Blockierungen äußern sich unter anderem durch Unkonzentriertheit, mangelnde Entscheidungsfähigkeit oder unlogisches Denken.

Das Wort Muster verwenden wir als Kurzform für «Verhaltensmuster». Wir sprechen von Verhaltensmustern, wenn Reaktionen oder Handlungsabläufe auf immer dieselbe Weise ablaufen, so als wenn es eine Vorlage gäbe, der der Handelnde folgt. Tatsächlich hat der Handelnde solch eine Vorlage in seinem Gehirn gespeichert. Das ist bei allen Tätigkeiten so, die wir einmal durchgeführt haben. Störend sind sie nur, wenn der Mensch starr und zwanghaft an ihnen festhält.

Beim Co-Counseln bezeichnen wir als Muster stereotype, eingeschliffene Vorgehensweisen, die keine Wahlmöglichkeiten offenlassen und daher das Handeln und die Lebensäußerungen einengen. Jede Blockierung hat uns ursprünglich vor etwas schützen sollen. Es geht also um die Frage, ob wir diesen Schutz heute noch brauchen.

Im Gegensatz zum Muster verbirgt sich hinter einer Angewohnheit kein Schmerz. Sie meint ein Verhalten, das sinnvoll ist oder es einmal war, das man aber unter anderen Bedingungen auch lassen kann.

Beispiele für Muster:

- Ein Kind, das aus Angst vor Schlägen den Kopf einzieht.
- Ein Mensch, der bei Auseinandersetzungen die Flucht ergreift. Das kann auch eine Flucht nach innen sein: ein glasiger Blick oder Geistesabwesenheit.
- Ein Mensch, der immer in die Defensive geht, wenn er von einem Höhergestellten angesprochen wird; jemand, der sich immer in den falschen Partner verliebt oder sich dauernd in Situationen hineinbegibt, in denen er abgewiesen wird.

Aufgabe

Finde bei dir selbst Muster!

- In bezug auf Geld: «Darfst» du beim Ausgeben eine bestimmte Summe nicht überschreiten? «Mußt» du immer ein Polster in einer gewissen Höhe auf dem Konto behalten?

- In bezug auf Gesundheit: «Mußt» du täglich ein bestimmtes Stärkungsmittel einnehmen? Oder bestimmte Übungen machen?

- Hinsichtlich deiner Arbeit: «Muß» dein Schreibtisch am Feierabend immer leer oder deine Küche immer blitzblank und aufgeräumt sein?

- Hinsichtlich sozialer Kontakte: «Darfst» du bestimmte Erlebnisse anderen gegenüber nicht erwähnen? «Mußt» du jedesmal, wenn jemand sich bei dir bedankt, sagen: «Ach, das war doch nichts!»?

Prüfe genau: Handelt es sich dabei um etwas, das du dir vorgenommen hast, um ein Ziel zu erreichen, und das du dann auch wieder lassen kannst? Oder geht es um etwas, das dir Angst oder ein schlechtes Gewissen macht, wenn du es unterläßt? Wenn du nicht genau weißt, ob es sich um ein Muster handelt, counsele einmal darüber!

Die Restimulation

Stimulation bedeutet auf deutsch «Anregung». Kaffee z.B. wirkt stimulierend auf den Kreislauf. Restimulation ist also Wieder-Anregung oder Rück-Anregung, das heißt in unserem Zusammenhang: die Neubelebung alter schmerzhafter Gefühle.

Die Technik der Restimulation beim Co-Counseln beruht auf der Erfahrung, daß alte Gefühle aus der Vergangenheit auch heute noch erkannt und entladen werden können, und zwar auch solche Gefühle, die uns damals gar nicht bewußt waren. Das heißt, wir lassen eine schmerzhafte Situation noch einmal in uns aufleben und agieren sie aus. Um den Schmerz wirklich aufzulösen, ist es wichtig, daß wir das Geschehen von damals möglichst konkret wiedererleben. Dazu wird der Counselor uns (falls verabredet) auch Hilfen geben, so daß wir die Situation und die beteiligten Personen vor uns sehen und die Angst, die Wut oder den Kummer von damals noch einmal spüren. Vielleicht kommen in uns auch Gedanken oder Worte hoch, die wir in der damaligen Situation hätten sagen mögen. Auf dem Höhepunkt des Gefühlserlebens erfolgt dann meistens eine Entladung, die sogenannte Katharsis.

Beispiel

Ich habe als Kind ein Jahr in der Schule durchgemacht, das für mich ganz schrecklich war. Ich weiß, daß ich deshalb die Institution Schule nicht mag; weiß aber nicht, daß damit auch meine Abneigung zusammenhängt, in Vorträge zu gehen, wo man stillsitzen und zuhören muß, oder daß mein Ekel damit zusammenhängt, wenn ich irgendwo auf den typischen Geruch von Kreide und Bohnerwachs stoße, oder meine unangenehmen Gefühle, wenn ich ein Klingelzeichen in einer bestimmten Tonlage höre.

Es kann sein, daß ich mir über meine Abneigung, meinen Ekel und meine Irritation Gedanken mache, aber annehme, daß sie durch aktuelle Geschehnisse verursacht sind; ich erkenne die wahre Ursache in der Kindheit nicht. Dann ist es wichtig, herauszufinden, durch welchen Schlüsselreiz das Verhalten ausgelöst wurde. In unserem Beispiel ist das Stillsitzenmüssen, der Geruch nach Kreide und Bohnerwachs oder das Klingelzeichen die Schlüsselreize. Wenn ich das weiß, kann ich diesem Schlüsselreiz in die Vergangenheit folgen und seinen Ursprung erkennen.

Es kann andererseits geschehen, daß ich diese Zusammenhänge zwar erkenne, aber meine Reaktionen (Abneigung, Ekel, Irritation) nicht aus der Welt schaffen kann und weiter darunter leide.

Wenn ich mich aber beim Co-Counseln dem alten Schmerz stelle, ihn wiederbelebe und ausagiere, werden die alten Schlüsselreize unwirksam und rufen keine Reaktionen mehr hervor.

Die Katharsis

Die Katharsis ist eine Gefühlsentladung, die beim Wiedererleben alten Schmerzes eintreten und sich in Weinen, Schreien, wildem Gelächter u. ä. äußern kann. Danach fällt die Spannung steil ab; es entsteht ein Freiraum, in dem die vorherigen Schwierigkeiten und Probleme nicht mehr so bedrohlich erscheinen und aus größerer Distanz und mit mehr Gelassenheit gesehen, verstanden und aufgearbeitet werden können. Dabei wird uns klar, wie wir auf die Schmerz-Situation und alle ähnlichen Situationen anders hätten reagieren können. Wir können uns von dem bisherigen starren Verhaltensmuster befreien.

Das Unterbrechen der alten Muster in der Katharsis ist wichtig für persönliches Wachstum. Wenn ein hartnäckiges Muster aufgelöst wird, fühlt sich das manchmal zunächst wie ein Verlust an, es fehlt einem etwas! In Wirklichkeit handelt es sich dabei um einen Gewinn an Freiheit! Fortan brauchen wir nicht mehr dem alten «Programm» zu folgen, sondern können viele neue Handlungsmöglichkeiten an die Stelle des alten Musters setzen.

Das gelingt am besten in der Entspannung nach der Katharsis. Dann können wir die Dinge klar sehen, unsere Überzeugungen prüfen und uns neue Handlungsmöglichkeiten überlegen.

Den alten Schmerz aufspüren

Interventionen

Intervenieren heißt auf deutsch «dazwischengehen». Beim Co-Counseln ist damit ein Eingreifen des Counselors in den Arbeitsprozeß des Klienten gemeint. In unseren bisherigen Übungen hat der Counselor eine nur zuhörende Rolle gespielt. Jetzt lernen wir, wie der Counselor an bestimmten Stellen Hilfen anbieten kann. Es darf sich dabei immer nur um ein Anbieten handeln; der Klient kann diesem Vorschlag folgen oder nicht. Er allein entscheidet, wie er am besten in seiner Arbeit weiterkommt.

Der Klient sagt zu Beginn der Sitzung, in welchem Ausmaß er Hilfen des Counselors in seine Arbeit einbeziehen möchte. Dabei gibt es drei Möglichkeiten:

- **Keine Intervention:** Der Counselor gibt keine Hilfen, sondern nur Zuwendung, und hört zu.
- **Wenig Interventionen:** Der Counselor greift nur ein, wenn der Klient den Faden verliert oder vom Thema abkommt.
- **Häufige Interventionen:** Der Counselor interveniert, wann immer er dem Klienten damit weiterhelfen kann.

Keine dieser Interventionsformen ist wichtiger oder wirkungsvoller als die andere; jede hat ihren Wert im Rahmen der Arbeit des Klienten.

Wenn dieser im Co-Counseln erfahren ist, kann es sein, daß er nur wenige oder gar keine Interventionen wünscht und benötigt. Für manche Menschen wirkt es heilend, wenn sie ihre Geschichte einmal erzählen können, ohne unterbrochen zu werden! In jedem Falle aber braucht der Klient die Zuwendung durch den Counselor und seinen Schutz.

Die Signale des Klienten erkennen

Für den Counselor ist es zunächst wichtig, zu wissen, wann er intervenieren soll. Dazu muß er den Klienten von Anfang an beobachten und lernen, seinen individuellen Gesichtsausdruck, seine Sprechweise, Gesten und Verhaltensweisen zu deuten. Dieses Wissen wächst mit der Zeit und der Erfahrung.

Aufgabe

Achte in deinen Co-Counsel-Sitzungen darauf, was es bedeuten könnte, wenn dein Gegenüber:
– in seiner Rede zögert und langsamer wird,
– die Augenbrauen hochzieht,
– unruhig wird, sich kratzt oder hin und her rutscht,
– die Fäuste ballt,
– die Zunge zwischen die Zähne steckt,
– sich räuspert und an den Hals greift,
– stottert und «em» und «äh» in seine Rede einschiebt,
– in eine geschraubte Redeweise (mit Fremdwörtern und ungewöhnlichen Ausdrücken) verfällt,
– vor sich hin grinst,
– sich zurücklehnt und die Hände im Nacken verschränkt,
– mit den Zähnen an den Lippen kaut,
– sich am Ohrläppchen zupft,
– sich am Kopf kratzt,
– zum Fenster hinausschaut,
– aufsteht und herumläuft,
– den Counselor anfaßt,
– plötzlich dringend aufs Klo muß,
– tief ausatmet,
– verstummt,
– wenn seine Stimme höher oder tiefer wird,
– wenn er die Nase rümpft.

Den Arbeitsablauf verfolgen

Wenn der Counselor die unbewußten Signale des Klienten richtig deuten kann und weiß, wofür sie bei diesem Klienten stehen, entsteht die zweite Frage: Wie soll er intervenieren? D. h.: Was soll er sagen? Das hängt ganz davon ab, in welchem Stadium der Arbeit sich der Klient befindet, ob er z. B. beim Suchen des Problems ist, ob er in den Schmerz hineingeht oder ob er sich in der Katharsis befindet. Die zweite wichtige Aufgabe des Counselors ist es also, die Phasen der Arbeit mitzuverfolgen.

Der Counselor sollte sich einige Sitzungen lang auf das Deuten der Signale konzentrieren und dann einige Sitzungen lang auf das Verfolgen des Arbeitsablaufs. Der Klient arbeitet währenddessen am besten an einem Thema, zu dem er wenig Hilfen braucht. Diese beiden Fähigkeiten sind so wichtig, daß dazu auch gesonderte Übungen in der Gruppe durchgeführt werden sollten.

Aufgaben für die Gruppe:

- Ein Paar hält eine Sitzung ab, während alle anderen um sie herum sitzen und still für sich die Körpersprache des Klienten zu verstehen suchen. Nach der Sitzung werden die Erkenntnisse verglichen.
- Zwei Partner counseln miteinander, und die anderen verfolgen den Ablauf der Arbeit. Auch hier werden hinterher die Beobachtungen verglichen.

Den Schmerz suchen

Wenn der Klient den Kern des Problems erkannt hat, geht es darum, in diesem die alte Wunde ausfindig zu machen, die den Schmerz verursacht hat, den der Klient seitdem unterdrückt oder umgeht.

Der Klient geht seinen Erinnerungen nach

Als Klient gehe ich allen Erinnerungen und Gedankenverbindungen, allen Bildern und Empfindungen nach, die im Zusammenhang mit meinem Problem auftauchen. Wenn ich spüre, daß eines oder einige davon mich näher an den Schmerz bringen, verfolge ich diese weiter. Wenn eine bestimmte Art von Ereignissen in meinem Leben immer wieder auftaucht – z. B. daß ich immer wieder abgelehnt werde, betrogen werde, mich in den falschen Partner verliebe –, gehe ich zurück bis zu dem frühesten Ereignis dieser Art, da dies wahrscheinlich den Ursprung der zu bearbeitenden Blockierung anzeigt.

Ich komme näher an den Schmerz heran, wenn ich das damalige Erlebnis noch einmal in mir ablaufen lasse und so genau wie möglich beschreibe, also den Ort, die Zeit, die beteiligten Personen und die Umgebung schildere, Farben, Bewegungen, Worte und alles, was damit zusammenhängt. Diese Einzelheiten rufen die damaligen Gefühle in mir wieder auf.

Der Counselor gibt Hilfen zur Schmerz-Suche

Der Klient soll nicht raten, was seinen Schmerz verursacht hat, sondern er muß in jede Möglichkeit hineinspüren und beobachten, was für Empfindungen als Reaktion kommen, wie stark sie sind und ob sie etwas mit dem Schmerz zu tun haben. Dabei kann ihn der Counselor durch Fragen unterstützen:

- Nenne ein konkretes Beispiel!
- Welches Ereignis fällt dir dazu ein?
- Gehe noch weiter zurück! Welches sind deine frühesten Erinnerungen an eine ähnliche Situation?
- Was wird dir heute über die damalige Situation bewußt?

Der Klient darf sich dabei aber nicht unter Druck setzen und meinen, nun schnell eine Antwort finden zu müssen. Der Counselor muß hier ganz entspannt abwarten können.

Beispiel

Klient: Ja, das Alleingelassenwerden. Ich werde immer wieder allein gelassen. Jetzt die Scheidung…
Counselor: Welche Ereignisse fallen dir noch dazu ein?
Klient: Da gibt es viele – Freunde z. B. – Wenn man jemanden braucht, ist keiner da. Oder Beziehungen… Da wurde ich auch immer wieder allein gelassen *(läßt den Kopf hängen)*.
Counselor: Wenn du in deinem Leben weiter zurückgehst, fällt dir da ein bestimmtes Erlebnis ein?
Klient: Hm… *(kratzt sich am Kopf, zieht die Stirn kraus)* Ja… ja, als Kind; wie ich einmal in den Ferien bei Tante Hedwig sein mußte, da hatte ich so schreckliches Heimweh. Ich war so weit von zu Hause weg, und die war so kalt, hatte gar nichts Liebevolles an sich…
Counselor: Erzähle einmal in allen Einzelheiten, wie das damals war!

Aufgaben:

- Der Counselor gibt an drei Stellen Hilfen. Was will er damit erreichen?
- Welche nichtsprachlichen Signale findest du im obigen Beispiel (Gesten, Mimik)? Was können sie bedeuten?

In den Schmerz hineingehen

Als **Klient** vergegenwärtige ich mir das früheste Erlebnis, d. h., ich mache es zur Gegenwart. Ich gehe in es hinein, indem ich bei der Beschreibung die Gegenwartsform benutze. Ich sage also nicht: «Und da stand der Vater vor mir und schrie mich an», sondern: «Und jetzt steht er vor mir, und jetzt schreit er mich an!» Auf diese Weise werden die damaligen Geschehnisse und meine Gefühle konkret und lebendig.

Dieses Vergegenwärtigen ist etwas anderes als das Erzählen einer Geschichte oder das rein intellektuelle Reden über einen Schmerz aus der Vergangenheit, bei dem man verstandesmäßig Gründe oder Erklärungen für das damalige Verhalten aufzählt. Es ist ein intensives Eintauchen und Durchleben vergangener Erfahrungen, das häufig zu einer emotionalen Entladung führt.

In diesem Stadium ist die Zuwendung des **Counselors** besonders wichtig, weil der Klient meist Angst hat, die Gefühle, die er so lange unterdrückt oder umgangen hat, wieder aufleben zu lassen. Um diese Angst zu überwinden und sich seinem Schmerz zu stellen, braucht er den Schutz des Counselors! Auch bei dieser Aufgabe kann der den Klienten durch Aufforderungen und Fragen unterstützen:

- Schildere das Ereignis in allen Einzelheiten! (Ort, Zeit, Personen; was wurde gesprochen?)
- Beschreibe deine Gefühle!
- Beschreibe sie in der Gegenwartsform!
- Was hat dich damals am meisten aus der Fassung gebracht?

Für den Fall, daß der Klient sich an keine Einzelheiten erinnern kann:

- Stell dir vor, wie das damals passiert sein könnte! Fülle die Erinnerungslücken mit deiner Phantasie aus!

Beispiel

Counselor: Erzähle einmal in allen Einzelheiten, wie das damals war, als du dich bei Tante Hedwig allein gelassen fühltest!

Klient: Ja, da lag ich abends allein in der Kammer im Bett und konnte es nicht aushalten vor Heimweh. Ich habe dann gebetet, daß der liebe Gott mir helfen soll, und irgendwann bin ich auch eingeschlafen.

Counselor: Wie sah denn die Schlafkammer aus?

Klient: Ja, es war ja dunkel, aber es fühlte sich so fremd an da in dem Bett; ich fühlte mich richtig ausgesetzt, hilflos, verlassen...

Counselor: Sprich in der Gegenwartsform, als wenn das jetzt geschieht!

Klient: Also die Tante Hedwig ist die Treppe runtergegangen, und ich bin jetzt ganz allein in der fremden Kammer. Und ich gucke mir alles an, den Schrank und die Vorhänge, aber der Schrank ist so dunkel, und die Vorhänge, die haben so gar nichts Freundliches, die machen mir irgendwie Angst – nein, Angst eigentlich nicht, aber mir ist das Herz so schwer, und ich muß immerzu an zu Hause denken, und wenn doch bloß meine Eltern hier wären...

Counselor: Was ist denn das Schlimmste dabei?

Klient: Ja, daß das so lange dauert, vier Wochen soll ich dableiben! Zwei, drei Tage könnte ich es ja gut aushalten, aber vier Wochen, das halte ich nicht aus!

Aufgaben:

- Mit welchem Satz ist der Klient in den Schmerz hineingegangen?
- Mit welchen Hilfen leitet der Counselor zur Verstärkung des Schmerzes an?

Das Erlebnis zu Ende führen

Eine Blockierung beruht immer darauf, daß ich als Klient das damalige Ereignis seelisch nicht vollständig verarbeitet habe. Andernfalls hätte ich es längst vergessen. Die Lösung kann also darin bestehen, daß ich das, was damals für mich unerledigt geblieben ist, jetzt nachhole. Ich frage mich: Was ist ungesagt geblieben? Oder: Was ist ungetan geblieben?

Ich drücke alles aus, was ich meinem damaligen Gegenüber gern sagen würde oder was ich in der damaligen Situation tun würde. Das kann etwas sein, was ich gedacht, aber nicht gesagt habe, oder etwas, was mir erst jetzt dazu einfällt. Ich spreche die Worte tatsächlich aus und führe die Handlungen tatsächlich durch (soweit es möglich ist); der Counselor kann dabei die Stelle des damaligen Gegenübers einnehmen.

Wenn ich so das unerledigt Gebliebene zu Ende führe, tritt oft eine Entspannung ein, weil die unterdrückten Reaktionen befreit werden. Das Ziel dieser Technik ist nicht, etwas einzustudieren, was ich beim nächsten Mal in einer ähnlichen Situation sagen oder tun könnte.

Während es vielen Menschen leichtfällt, Erlebnisse von früher zu schildern, haben sie oft Schwierigkeiten, Gefühle zu artikulieren, ganz besonders solche, die damals verboten waren und die sie darum noch nie in Worte gekleidet haben. Hier muß der Counselor mit seiner Zuwendung ganz beim Klienten sein und ihn ermutigen! Dies geschieht z. B. durch Zunicken und Ermunterungen wie «Ja!», «Sprich es aus!» oder Sätze wie:

- Was ist ungesagt (ungetan) geblieben?
- Was möchtest du ihm/ihr sagen?
- Ich bin jetzt XY. Sprich direkt zu mir!

(Der Counselor übernimmt stellvertretend die Rolle des damaligen Gegenübers.)

Beispiel

Klient: Zwei, drei Tage könnte ich es ja gut aushalten, allein bei Tante Hedwig, aber vier Wochen, das halte ich nicht aus!
  Counselor: Was möchtest du der Tante am liebsten sagen?
  Klient: Ja, das ist ja das Schlimme, der kann man gar nichts sagen, die ist so streng, und man muß nur gehorchen, und die versteht einen auch gar nicht, da kann ich überhaupt nichts sagen...
  Counselor: Wem könntest du denn etwas sagen?
  Klient: Ja, meinen Eltern *(Pause).*
  Counselor: Ja?
  Klient (schluckt): Ihr dürft mich nicht hierlassen, ihr dürft doch euer Kind nicht allein lassen... *(fängt heftig an zu weinen).*

Aufgaben:

- Wie hat der Counselor den Klienten im Beispiel angeregt, das Unerledigte zu Ende zu führen?
- Mit welchem Satz hat der Klient darauf reagiert?
- Welche Wirkung hatte das?

In Wirklichkeit verlaufen die Sitzungen oft nicht so geradlinig, wie hier geschildert, sondern mit Pausen, Umwegen und Sackgassen. Das ist ganz natürlich und kein Grund zur Entmutigung. Wichtig ist nur, daß der Klient – wo nötig, mit Hilfe des Counselors – immer den Faden wiederfindet.

Die Entladung

Wenn im Laufe der Sitzung beim Klienten plötzlich aufgestaute Gefühle an die Oberfläche drängen (wie hier am Ende des Beispiels zum Thema «Alleingelassenwerden»), ist der Höhepunkt, die Katharsis, erreicht. Wichtig ist, daß der Klient die Gefühle zuläßt und wirklich auslebt, z. B. durch Weinen, Schreien, Toben! Solche aufsteigenden Äußerungen dürfen nicht unterdrückt werden.

Manche Klienten brauchen in solchen Augenblicken die Nähe des Counselors, um ihre Gefühle wirklich ausleben zu können. Keiner sollte sich scheuen, diese Hilfe auch in Anspruch zu nehmen und beim Counselor z. B. körperlichen Kontakt zu suchen. Der Counselor muß sich dafür bereithalten und seine Bereitschaft auch zu erkennen geben, z. B. indem er die Hand oder die Arme ausstreckt.

Übung

Im folgenden Beispiel sind die Hilfen des Counselors ausgelassen. Wenn du die Ausführungen dieses Kapitels zu Hilfe nimmst, kannst du die passenden Fragen oder Aufforderungen einsetzen! (Hier ist übungshalber eine intensive Counselor-Tätigkeit angenommen, die

Sitzung könnte unter anderen Umständen auch ganz ohne Interventionen abgelaufen sein.)

Beispiel

Klient: Jetzt will meine Freundin, daß ich zu ihr ziehe. Aber ich will das nicht. Ich fürchte nur, daß ich wieder klein beigebe, um des lieben Friedens willen, wie ich das immer tue...

    Counselor: ....

    Klient: In meiner Ehe war das auch so. Ich habe mich immer meiner Frau untergeordnet.

    Counselor: ....

    Klient: Ich hatte als Kind einen sehr strengen Vater. Da hatte ich nichts zu melden.

    Counselor: ....

    Klient: Ich weiß noch, einmal bin ich nachmittags weggegangen, bloß so, zu meinem Freund, spielen. Und als ich nach Hause kam, habe ich Schläge gekriegt.

    Counselor: ....

    Klient: Wie ich reinkomme, drücke ich mich schnell um die Ecke, zu meiner Mutter in die Küche. Aber er hat es doch gehört und kommt mir nach. Den Rohrstock hat er schon in der Hand. «Komm her! Du hast zu Hause zu bleiben!» Und dann geht's los. So eine richtige kalte Wut hatte der.

    Counselor: ....

    Klient: Mutter, hilf mir doch! Vater, schlag mich doch nicht! Ich hab doch nichts Böses getan!...

Wandlung durch die Katharsis

Bei Kindern tritt eine Katharsis oft ganz spontan ein. Sie entladen ihre Spannung sofort nach einem aufregenden Erlebnis, wenn alle Gefühle noch wach sind, die sie in der Situation selbst nicht äußern konnten oder durften. Wenn Gefühle jedoch für längere Zeit – vielleicht jahrelang – unterdrückt und zugedeckt wurden, erfolgt die Entladung möglicherweise in einem gewaltsamen Ausbruch.

Vorbedingung für die Katharsis ist, daß der Klient sich der Schmerz-Situation stellt und daß er sich selbst in dieser Schmerz-Situation annimmt! Die Blockierung und das Muster sind entstanden, weil die damalige Situation unerträglich war. Mit Hilfe der Zuwendung durch den Counselor kann er jetzt hinschauen: Ja, so war es! Das bin ich! Das ist mir geschehen! Er kann sich daran erinnern und sich mit dem damaligen Geschehen und seiner eigenen Rolle darin konfrontieren. Nur so ist Heilung möglich!

Das heißt nicht, daß er die damaligen Ereignisse gutheißen und bejahen soll; aber er soll sie zulassen und sich ihnen stellen! Denn das reine Wiedererleben des Schmerzes genügt nicht zur Auflösung von Mustern, wenn der Klient dabei in einer Abwehrhaltung verbleibt.

Bis zur Katharsis läuft also die ganze Arbeit darauf hinaus, daß der Klient das erinnerte Geschehen noch einmal durchlebt und sich mit und in diesem Erlebnis annimmt. Oft führt dieses Annehmen und Zulassen unmittelbar in die Katharsis hinein.

Durch die Entladung sinkt die Spannung dann beträchtlich. Im entspannten Zustand erscheinen nach einer Weile bisher verdeckte Erinnerungen und Gedanken, die dem Klienten neue Möglichkeiten eröffnen.

Eine echte Entladung entspannt auch alle Muskeln. Wenn Klient oder Counselor unsicher ist, ob der Klient tatsächlich entspannt ist, ist dies ein untrügliches Zeichen. Wenn große Muskelpartien weiterhin angespannt sind, hat keine vollständige Lösung stattgefunden, auch wenn der Klient herumgeschrien und Gegenstände durch die Gegend geworfen hat. (Es ist keine Katharsis, wenn du dich bei dem Gedanken ertappst: «Ich bin der beste/lauteste Klient der ganzen Gruppe!»)

Eine Entladung ist dann am wirkungsvollsten, wenn der Klient sich nicht kontrolliert, sondern die sich herausdrängenden Gefühle äußern läßt, wie sie wollen. Damit läßt er einen Teil von sich selbst frei, der abgeschnitten war. Das gelingt am besten, wenn er zu diesem Zeitpunkt die Kontrolle ganz an den Counselor abgibt. Dazu muß er natürlich vollkommenes Vertrauen zum Counselor haben.

Der Counselor muß darauf achten, daß der Klient nicht zu früh wieder «Beherrschung» übt und sich «an die Kandare nimmt»! Es können 10 bis 15 Minuten oder mehr verstreichen, in denen der Klient allmählich zur Ruhe kommt und der Counselor einfach nur da ist und für ein entspanntes Feld sorgt.

Eine Beispielsitzung

Klient: Ich möchte heute über meine Katzen counseln. Ich habe so ein besonderes Verhältnis zu Katzen, anders als zu anderen Tieren. *(zögert)*

Counselor: Gibt es bestimmte Ereignisse, die dir einfallen?

Klient: Ja, da fällt mir meine Lieblingskatze ein, Sternchen. Und daß sie umgekommen ist, das fand ich so schrecklich. Ich hatte überhaupt schreckliche Erlebnisse mit Katzen. Einmal haben wir eine andere Katze, Mucki hieß sie, mit in Urlaub genommen. Und da hat sie Junge bekommen, und die sind alle drei hintereinander an einer Seuche gestorben. Ich weiß noch, wie ich das letzte auf dem Schoß hatte und immer gestreichelt habe, und dann ist es auf meinem Schoß gestorben. Ich hab sonst auch Schlimmes erlebt in meinem Leben, aber das mit den Katzen ist mir besonders zu Herzen gegangen.

Counselor: Worüber möchtest du jetzt counseln?

Klient: Ja, über Sternchen. Die war ja mit noch einer Katze in unserer Ferienwohnung. Und wir hatten die Verwandten aus Stuttgart zu Besuch. Und da war Sternchen so scheu vor den Fremden und kam gar nicht mehr zu mir und hat sich in die Ecken verdrückt oder ist nach draußen gegangen. Ich hab alles versucht und hab sie gelockt, aber ich mußte mich ja auch um die Verwandten kümmern. Ich konnte die ja nicht wegschicken, weil die Katze Angst vor ihnen hatte. Ich hab dann den Entschluß gefaßt: Menschen gehen vor! Und hab es den Verwandten schön gemacht. Die Katzen natürlich immer wieder angesprochen, und sie haben ihr Fressen gekriegt und alles, aber ich konnte mich nun nicht stundenlang mit ihnen beschäftigen. Und als die Verwandten nach 14 Tagen weg waren, hab ich die Katzen wieder an mich gewöhnt. Aber nach ein paar Tagen, da war furchtbar schlechtes Wetter, Regen und Gewitter, und es war schon dunkel, und da sind die Katzen einfach nicht wiedergekommen. Ich hab stundenlang gesucht und gerufen. Und am nächsten Tag mußte ich ja zur Arbeit. Und abends wieder gesucht und gerufen. Und einer hat mir erzählt, er hätte an der Brücke eine überfahrene Katze gesehen. Ich hin, aber nichts gefunden. Jedenfalls sind die Katzen nie wiedergekommen. Und ich hab das Gefühl, die sind da irgendwie umgekommen. Warum sind sie nur weggelaufen? *(schaut vor sich hin)*

Counselor: Was denkst du jetzt?

Klient: Ich bin traurig, weil ich meine, sie sind umgekommen. Besonders Sternchen hab ich so geliebt! *(schaut den Counselor an)* Was mach ich jetzt? Ich gehe jetzt in den Schmerz hinein. Ich schaue, wo der in meinem Körper sitzt. Der sitzt hier! *(zeigt auf das Brustbein und fängt plötzlich an, stoßweise zu weinen)*

Counselor legt den Arm um den Klienten.

Klient (sucht nach Taschentüchern, putzt sich die Nase, setzt mehrmals zum Sprechen an): Ich weiß gar nicht, warum sie das gemacht hat, die Verwandten waren doch weg, und ich war wieder für sie da!

Counselor: Siehst du da einen Zusammenhang?

Klient: Ich meine, sie hat das vielleicht aus Trotz gemacht, um mich zu bestrafen, weil ich mich mehr mit den Verwandten beschäftigt habe. Oder vielleicht hat sie sich auch verlaufen in der Sturmnacht; da spiegelt ja alles so, und die Lichter in den Pfützen, da bin ich auch manchmal desorientiert.

Counselor: Was denkst du jetzt?

Klient: Ich mache mir Vorwürfe. Obwohl ich ja alles für sie getan habe, was ich konnte. Und sie hat es bestimmt gut gehabt bei mir, immer ihr Fressen und Zuwendung und so... *(schluchzt ab und zu)*

Vielleicht hängt das auch mit Schuldgefühlen zusammen – ich meine immer, wenn was passiert, daß ich schuld bin –, das hängt wohl mit meiner Kindheit zusammen...

Counselor: Was war das denn für ein Erlebnis in deiner Kindheit?

Klient erzählt Kindheitserlebnis und die Gefühle dabei.

Counselor: Was möchtest du denn jetzt am liebsten?

Klient (weinend): Ich möchte, daß Sternchen wiederkommt und mir sagt, daß es nicht schlimm war.

Counselor (setzt sich dem Klient gegenüber): Gut. Ich bin jetzt die Katze. Sprich zu mir!

Klient: Sternchen, warum bist du damals weggelaufen?

Counselor: Ich bin eine Katze! Ich gehe meine eigenen Wege!

Klient: Du bist eine Katze... Ja, das ist wahr! Jetzt geht mir auf, daß du ja ein eigenes Lebewesen bist, mit eigenen Antrieben, die ich vielleicht gar nicht immer verstehen kann. Vielleicht kann ich gar nicht immer für alles verantwortlich sein, was andere tun – vielleicht ist das sogar Überheblichkeit? Ja, du hast dein eigenes Leben und deine eigenen Entschlüsse, die ich nicht immer verstehe.

Aber ich brauche mir auch nicht die Schuld daran zu geben *(lächelt, schweigt)*.

Counselor: Was denkst du jetzt?

Klient: Ich kann das jetzt so annehmen, wie es gewesen ist.

Counselor: Die Zeit ist jetzt um; laß uns in die Gegenwart zurückkehren und nachsehen, was die anderen Gruppenmitglieder machen!

Klient: Ja. – Vielen Dank, du hast mir sehr geholfen!

In einer späteren Sitzung wurde das Thema noch einmal aufgenommen, und der Klient kam dabei – wie es oft geschieht – auf ein neues Co-Counsel-Thema: «Ich habe mich mit meiner Katze identifiziert: Das Sich-im-Stich-gelassen-Fühlen ist für mich selbst ein ganz zentrales Thema! Ich habe das in meine Katze hineinprojiziert!»

Sitzungen ohne Katharsis

Nicht bei jeder Sitzung muß zwangsläufig eine Katharsis stattfinden. Manchmal löst sich die innere Spannung schon durch das Bewußtmachen des Problems oder der Ursachen. Andererseits kann das Problem so tief verwurzelt sein, daß wir mehrere Sitzungen brauchen und immer wieder einen Anlauf nehmen müssen, um bis zum Kern vorzudringen.

Die neue Freiheit

Wenn der Klient nach der Katharsis wieder einigermaßen im Gleichgewicht ist, fühlt er sich entspannt und wach, frei von Schmerz und Spannungen, aufmerksam und lernbereit. Er ist voller Energie und manchmal auch ausgelassen. Gesichtsausdruck und Körperhaltung zeigen diese Veränderungen deutlich. Auch der Counselor kann sie mitgenießen und dem Klienten eine Rückmeldung dazu geben, z. B.: «Du siehst jetzt ganz... aus, viel... als vorher.»

Die Versuchung, die Sitzung zu beenden, weil man meint, alles sei in Ordnung, ist in diesem Zustand groß. Eine Pause ist sicher angebracht, doch sollten die folgenden Arbeitsschritte – wenn nicht gleich, so doch in der nächsten Sitzung – unbedingt durchgeführt werden.

Denn wenn wir nicht bewußt neue, bessere Handlungsmöglichkeiten an Stelle des nun unterbrochenen alten Musters setzen, werden wir gewohnheitsmäßig immer wieder in dieses Muster zurückfallen, obwohl wir es gar nicht mehr brauchen. Um das zu vermeiden, ist es wichtig, daß wir die Stunde nach der Katharsis nutzen. Mit Hilfe unserer jetzigen Erkenntnisse und Einsichten können wir in einer Art Aha-Erlebnis die damaligen Ereignisse neu sehen.

Aufgabe

Lies noch einmal das Beispiel «Katzen» und beantworte dazu folgende Fragen:

- Wann fand in der Beispielsitzung über Katzen die Katharsis statt?
- Wodurch wurde die Katharsis herbeigeführt?
- Welches Muster wurde dem Klienten nach der Katharsis bewußt?

- Welcher Satz des Counselors führte zu einer neuen Einsicht des Klienten?

Oft findet eine Umstrukturierung des ganzen Erlebnisfeldes statt. Der Klient kann auch den Schmerz anders sehen und sich davon lösen. Als Hilfe kann der Counselor ihm Fragen stellen:

- Was war damals deine Überlebensstrategie? Benutzt du sie noch immer?
- Welches Muster hat sich in dieser Situation bei dir gebildet?
- Wann hast du in deinem Leben nach diesem Muster gehandelt?

Aufgabe

Lies noch einmal das Beispiel «Vater» auf S. 58, und beantworte die vorstehenden Fragen!

Belastende Erlebnisse neu bewerten

1. Der Klient wird sich bewußt, daß er das damalige schmerzauslösende Ereignis jetzt anders sieht. Es kann sein:
- daß er die damals für ihn undurchschaubare Handlungsweise anderer Personen heute versteht,
- daß ihm heute zu dem Ereignis Fragen einfallen, die er damals nicht gestellt hat,
- daß ihm Lösungswege einfallen, die er damals nicht gesehen hat,
- daß er sein eigenes Handeln von damals heute gutheißen kann,
- daß es gut war, daß alles so gekommen ist usw.

Beispiel

Beim Counseln über das Thema «Katzen» erkennt der Klient, daß sein Schuldbewußtsein ein Muster war und daß er eine Erklärung für das Verhalten der Katze gesucht hat, um dieses Schuldgefühl loszuwerden.

2. Der Klient schließt die Auseinandersetzung mit dem schmerzauslösenden Ereignis endgültig ab. Es kann z. B. sein, daß der Klient sich vornimmt:

- eine Aussprache mit einer in das damalige Ereignis verwickelten Person herbeizuführen,
- sich über den wirklichen Ablauf oder die Hindergründe einer damals nicht verstandenen Sache zu informieren,
- etwas wiedergutzumachen,
- etwas zurückzufordern,
- Gegenstände wegzuwerfen, die ihn an etwas erinnern, was Schmerz ausgelöst hat, jetzt aber erledigt ist usw.

Beispiel

Im Beispiel «Katzen» hat der Klient den Dialog mit der Katze gesucht, die hier erfolgreich vom Counselor vertreten wurde.

3. Der Klient plant, wie er in Zukunft mit ähnlichen Situationen umgehen und was er an Stelle der alten Muster setzen kann. Er fragt sich selbst oder wird vom Counselor gefragt:

- Welches ist der nächste Schritt, um aus dem alten Verhalten herauszukommen?
- Du kannst nun frei von alten Schmerzen und Mustern nachdenken: Welche Pläne fallen dir ein?
- Welcher Wunsch oder Plan macht dir Angst?
- Was kannst du Gutes für dich tun?
- Wie kannst du jetzt dein echtes Selbst stärker ausdrücken und bestätigen?

Beispiel

Im Beispiel «Katzen» wollte der Klient ursprünglich nie wieder Katzen haben. Jetzt denkt er: Wenn ich vielleicht doch wieder Katzen haben sollte, will ich mehr Spaß mit ihnen haben und mir weniger Verantwortungsdruck machen!

Verhaltensweisen verändern

Nachdem wir unsere Situation neu verstanden und bewertet haben, formulieren wir neue Ziele und konkrete Absichten. Das muß nicht unbedingt in derselben Sitzung geschehen. Um undurchführbare Mammutsitzungen zu vermeiden, kann die Arbeit an einem schwierigen Thema auf mehrere Sitzungen verteilt werden; z. B. tastet sich der Klient in der ersten Sitzung so an den Problemkern heran, daß er in der zweiten Sitzung zur Katharsis kommt und in einer dritten Sitzung neue Verhaltensweisen einübt.

Die folgenden Techniken werden am besten zunächst in der Gruppe geübt. Jeweils ein Paar spielt sie an dem unten vorgegebenen oder einem selbstgewählten Thema durch. Die anderen hören zu. Danach kann dann das Einüben neuer Verhaltensweisen mit dem Co-Counsel-Partner beginnen. Das fällt dem Klienten zunächst relativ leicht, weil er vom Counselor unterstützt wird. Er muß dann aber den Lernprozeß im Alltag allein fortsetzen.

1. Die Zukunft im Rollenspiel

Der Klient spielt eine Situation, die in der nächsten Zeit auftreten wird und die mit dem Schmerz zusammenhängt, den er eben entladen hat – z. B. die Erwartung des Chefs, daß er wieder Überstunden macht. Der Klient übt ganz konkret, wie er sich in dieser Situation verhalten will, was er sagen will, mit welcher Stimme, Betonung, Körperhaltung usw.

Falls er sich dabei mit einem anderen Menschen auseinandersetzen muß – hier z. B. dem Chef –, spielt der Counselor den Chef, gibt entsprechende Antworten usw.

Übung

Setzt in dieser Übung das angefangene Gespräch fort:
Klient: Ich möchte dir sagen, daß ich nicht zu dir in deine Wohnung ziehe.
Counselor (anstelle der Freundin): Aber das war doch schon so

gut wie abgemacht! Warum willst du denn jetzt auf einmal nicht mehr?

2. Planung der Zukunft

Der Klient denkt laut über neue Verhaltensmöglichkeiten nach, z. B. wie er die Beziehung zu seinen Kindern oder seinem Partner verbessern kann. Dabei kommt es nicht auf einen geordneten Vortrag an, sondern darauf, daß der Klient spontan alles ausspricht, was ihm in den Sinn kommt. Der Counselor sollte hier nicht unterbrechen, sondern nur freie Zuwendung geben.

Falls nötig, kann der Counselor in einem zweiten Durchgang folgende Fragen stellen:

– Was ist dein wichtigstes Ziel für die nächste Zeit?
– Welche Teilziele mußt du angehen, um das zu erreichen?
– Wie bereitest du das vor?
– Wann fängst du an?
– Wo findet das statt?
– Welche Personen sind daran beteiligt?
– Was sollen/werden die Personen tun?
– Welche Hilfsmittel brauchst du?
– Welche Hindernisse könnten auftreten?
– Wann willst du das erste Teilziel erreicht haben?

Wenn die Planung steht, kann der Klient sie sich ebenfalls im Rollenspiel vergegenwärtigen.

3. Affirmationen

Der Klient macht eine oder mehrere Aussagen darüber, wie er gerne sein möchte. Er spricht in der Gegenwartsform, so als seien seine Vorstellungen schon Wirklichkeit. Er sagt z. B.:

■ «Ich sage klar und bestimmt meine eigene Meinung.»
■ «Ich bin ein kompetenter Gastgeber.»
■ «Ich bin beim Autofahren aufmerksam und umsichtig.»

Während er den Satz ausspricht, begibt er sich innerlich in die entsprechende Haltung hinein und spürt, wie er bestimmt bzw. kompetent oder aufmerksam ist.

Um die neue Haltung wirksam im Unterbewußtsein zu verankern, muß die Affirmation mindestens einmal täglich laut ausgesprochen werden. Zur Erinnerung kann man sie aufschreiben und gut sichtbar in der Wohnung aufhängen. Man kann sie auch auf eine Kassette sprechen und sie sich immer wieder anhören.

Eine Beispielsitzung

(Der Klient, der sich davor fürchtete, alleingelassen zu werden, hat nach der Katharsis in mehreren Sitzungen das Thema aufgearbeitet. In der heutigen Sitzung geht es um die weitere Planung.)

Counselor: Weißt du noch deine Affirmation von der letzten Sitzung?

Klient: Ja. *(spricht laut und bestimmt)* Ich bin jetzt erwachsen und fühle mich geborgen im All!

Counselor (nickt): Du hattest von einer Berufsausbildung gesprochen?

Klient: Ja, und ich weiß nicht, was ich in meinem Alter jetzt noch einmal neu anfangen kann.

Counselor: Spüre einmal in dich hinein, was möchtest du denn am allerliebsten tun?

Klient: Ja, etwas mit Menschen. Das interessiert mich.

Counselor: Sage das etwas genauer!

Klient: Vielleicht Psychologie? Aber das klingt so trocken. Ich möchte schon praktisch etwas mit Menschen zu tun haben, eigentlich mehr mit Menschen umgehen, ihnen helfen; das liegt mir.

Counselor: Und wie kannst du das lernen?

Klient: Ja, ich möchte da schon eine richtige Ausbildung haben oder Kurse mitmachen…

Counselor: Was für eine Ausbildung wäre das denn?

Klient: Als Sozialhelfer oder so etwas in der Richtung.

Counselor: Und wo kannst du das?

Klient: Vielleicht in N.? Oder ich könnte es auch in F. versuchen… Wenn es da solche Schulen gibt. Ich müßte mich mal erkundigen, beim Arbeitsamt. Aber ich weiß nicht…

Counselor: Wo siehst du da Hindernisse?

Klient: Ich weiß ja nicht, ob die mich nehmen. Dann muß ich mal gucken, wie das mit den Verkehrsverbindungen ist. Und was das alles kostet.

Counselor: Wie kannst du das vorbereiten?

Klient: Ja, zuerst zum Arbeitsamt gehen. Und mir dann Informationen über diese Kurse besorgen. Was für eine Ausbildung es da gibt und wozu die berechtigt. Was man dann hinterher werden kann.

Counselor: Wie gehst du dann weiter vor?

Klient: Ja, dann muß ich schauen, wo ich mitmachen könnte, ob es da so einen richtigen Grundkurs gibt. Und wann der läuft. Und wie lange. Und dann muß ich mich da anmelden. Ja, so könnte ich das machen...

Counselor: Könnte?

Klient: So will ich das machen!

Das Ergebnis

Wenn ich mein Thema fertig bearbeitet habe, stellt sich die entscheidende Frage: Ist das Problem wirklich gelöst? Zum Thema «Abnehmen» hatte der Klient z. B. folgendes zu sagen:

Klient: Habe ich damit mein Problem gelöst? Sicher nicht endgültig. Ich werde zwar während der Hitzewelle abnehmen, aber danach? Danach werde ich wahrscheinlich wieder zunehmen. Ich muß mir also noch etwas anderes einfallen lassen! Wie ich anders esse und mir mehr Bewegung machen kann.

Counselor: Welches Muster wolltest du auflösen?

Klient: Ja, das Zuvielessen. Wenn das ein Muster ist, müßte ich auch einmal in die Vergangenheit zurückgehen und sehen, wo das angefangen hat. Und es dort auflösen. Ja. Das wird sicher noch einige Sitzungen dauern.

Bei vielen Co-Counsel-Themen kann man das Ergebnis erst prüfen, wenn man die gefundene Lösung in die Tat umgesetzt hat und feststellen konnte, ob sie funktioniert.

Bei Mustern ist das Ergebnis der Arbeit deren Auflösung. Nach der Auflösung ist der Schmerz verschwunden. Ich reagiere normal in Situationen, in denen ich früher Angst hatte oder wütend wurde. Eine traurige Erinnerung weckt keinen Kummer mehr in mir.

Wenn ein Muster erfolgreich bearbeitet worden ist, taucht es nie wieder auf. Wenn ich z. B. meine Höhenangst überwunden habe, kann ich nicht nur angstfrei über eine Brücke gehen, sondern über alle Brücken!

Die Stärkung des Ich

Durch die Katharsis und die nachfolgende Neubesinnung hat sich die Selbsteinschätzung des Klienten gewandelt. Die folgenden Techniken helfen ihm, sich sein neues Selbstgefühl bewußtzumachen und es zu festigen.

Feiern

Feiern heißt hier: anschauen, was man erreicht hat, und sich darüber freuen dürfen, auch wenn es nur ein kleiner Erfolg ist. Fortschritt und Wachstum setzen sich aus kleinen Errungenschaften zusammen. Feiern kann darin bestehen, daß man:

- laut ausspricht, was man erfreulich findet,
- es anderen erzählt,
- sich eine Pause gönnt, um darin zu schwelgen,
- sich eine Belohnung gibt (Blumen, ein neues Kleid, einen Tag am Meer usw.)

Mit dem Feiern konzentrieren wir uns auf das Positive; es ist ein Weg, aus dem Gefühl der Kraft heraus zu arbeiten statt aus dem des Unvermögens und des Jammers.

Darum feiern wir am Anfang, während oder auch am Schluß einer Co-Counsel-Sitzung, in der Gruppe oder zu Hause. Am Anfang einer Sitzung hilft das Feiern, die Arbeit aus einer Position der Stärke heraus anzugehen und Vertrauen in die eigenen Fähigkeiten zu entwickeln. Am Ende hilft es, die alten Muster hinter sich zu lassen und den Alltag mit Energie und Freude zu bewältigen.

Das Feiern beschränkt sich nicht auf die Erfolge beim Co-Counseln, sondern wir machen uns alle erfreulichen Dinge in unserem

Leben bewußt. Daraus wächst dann mit der Zeit eine solide Grundlage für ein positives Lebensgefühl.

Aufgabe

Lies das letzte Sitzungsbeispiel zum Thema «Allein gelassen werden» auf S. 56. Was kann der Klient als Erfolg der Sitzung feiern?
 Notiere jeweils zehn:

- Dinge, die ich besitze und die mir Freude machen
- Tätigkeiten, die ich beherrsche und gern ausführe
- Menschen, die ich gern mag
- Dinge, die mir gut schmecken
- Dinge, die ich gern ansehe
- Dinge in der Natur, die mir Freude machen
- erfreuliche Dinge, die meine Hände tun können
- erfreuliche Dinge, die ich unternehmen kann

Wertschätzen

Wertschätzen heißt: das Positive in sich selbst sehen können und dürfen, es anerkennen, annehmen und in die eigene Persönlichkeit integrieren.

Vielen Menschen fällt das Wertschätzen schwer.

Im Alltag gehen wir davon aus, daß alles in Ordnung sein und funktionieren muß. Nur wenn etwas schiefgeht oder wir etwas falsch machen, fällt es uns auf. Diese Ereignisse behalten wir im Gedächtnis, und wir vergessen die vielen Male, bei denen alles gut läuft.

So spielen wir die eigenen Erfolge herunter. Es ist jedoch wichtig, für jeden zurückgelegten Schritt eine positive Markierung zu setzen, innezuhalten, zurückzublicken und zu sagen: «Das habe ich geschafft!» Diese Erfolgserlebnisse summieren sich und helfen dem Menschen, Selbstvertrauen und Substanz zu gewinnen. Die Wahrscheinlichkeit, daß man dadurch überheblich und größenwahnsinnig wird, ist vergleichsweise gering; viel eher wird man zu einer realistischeren Selbsteinschätzung kommen.

Die Wertschätzung soll vorbehaltlos sein! Sie beginnt mit deinem Namen. Verbinde deinen Namen mit deiner Kraft. Verwende ihn immer, wenn du dich wertschätzt – z. B. «Ich bin Hannelore, ich bin entschlossen und durchsetzungsfähig.» So wird dein Name zu einer dauernden Gedächtnisstütze für deine Kraft. Und: Es muß nicht alles hundertprozentig wahr sein, was du sagst – fünfzig Prozent reichen auch – der Rest wird sich noch verwirklichen.

Übungen für die Gruppe

1. Jeder sagt eine Selbst-Wertschätzung.

2. Jeder spricht drei Minuten lang zum Thema «Worauf ich stolz bin».
   Beobachte dabei: Habe ich negative Hintergedanken wie etwa:
   - So ganz stimmt das ja nicht!
   - Das habe ich nur nach vielen Versuchen geschafft.
   - Das habe ich aber nur mit fremder Hilfe geschafft.
   - Das ist doch Angeberei, wenn ich das so sage!
   - Das sollte ich gar nicht erzählen, das macht die anderen nur neidisch!

Diese Gedanken lenken dich ab und stören dich in dem, was du eigentlich sagen wolltest. Du hinderst dich damit selbst, deine Sache gut zu machen und daran Spaß zu haben.

3. Nenne als Wertschätzung eine Eigenschaft, mit der du dich glücklich fühlst. Z. B.: «Ich bin offen und ehrlich.»
   Sprich die Wertschätzung mehrmals laut aus und beobachte, ob nicht doch in deinen Gedanken eine Einschränkung mitschwingt wie z. B. «gewöhnlich», «manchmal», «eigentlich», «irgendwie».
   Stimme, Mimik und Gestik sollten dem Inhalt der Aussage entsprechen, also sprich laut und selbstbewußt, zeige deine Freude und

deinen Stolz durch deine Haltung, deinen Blick oder auch durch eine Bekräftigung wie «Jawohl!», «Das ist so!» Stehe hundertprozentig zu dir!

Laß die anderen Gruppenmitglieder deine Körperhaltung beobachten: Seufzen, unverständliches Murmeln, auf die Lippen beißen, am Kopf kratzen usw. schränken deine Aussage ein. Baue die negativen Gedanken und Haltungen bei jedem Aussprechen der Wertschätzung mehr ab!

4. Beginnt und beendet eure Gruppentreffen mit Wertschätzungen!

Du kannst stufenweise mehr und mehr an dir wertschätzen. Wenn du in deinem Alltag etwas findest, was eine Wertschätzung verdient, schreibe es auf – es ist verblüffend, wie leicht die alte negative Haltung dazu führt, daß man die positiven Seiten vergißt. Führe ein Tagebuch, in dem du «Gutes und Neues» und Wertschätzungen deiner selbst festhältst.

Einige Beispiele:

- Ich finde es gut, daß ich an diesem Muster arbeite!
- Ich finde mich gut, weil ich mir selbst helfe!
- Ich verdiene Anerkennung dafür, daß ich auch in Streßsituationen freundlich zu meiner Kollegin bin!
- Ich verdiene Beifall dafür, daß ich heute meine Angst überwunden habe und zum Zahnarzt gegangen bin!
- Ich würdige meine Ausdauer beim Englischlernen!

Fremdwertschätzungen

Das Selbstgefühl der Teilnehmer wird durch Wertschätzungen von anderen weiter aufgebaut. Dabei sagt jedes Gruppenmitglied einem der anderen Anwesenden etwas Positives, z. B.:

- Ich finde es schön, wie mutig du heute dein Problem in Angriff genommen hast!
- Mir gefallen deine ausdrucksvollen Handbewegungen!

- Du warst sehr einfühlsam, wie du deinem Partner die Stichworte gegeben hast!
- Du hast mir durch deine Ruhe und Gelassenheit die Arbeit heute sehr erleichtert!
- Deine Fröhlichkeit tut meinem Herzen wohl!

Das muß nicht nach der Reihe gehen, sondern jeder spricht, wenn ihm etwas einfällt. Habt keine Angst vor längeren Pausen! Es braucht Zeit, aufmerksam zum anderen hinzuspüren und schätzenswerte Eigenschaften zu formulieren. Dabei sollen natürlich nur Dinge gesagt werden, die der Sprechende wirklich ehrlich meint.

Wenn du von anderen eine Wertschätzung erhältst, zeige keine Verlegenheit, und zier dich nicht! Freue dich darüber! Nimm dir Zeit, die Wertschätzung auszukosten und zu genießen. Sag einfach: So ist es. Sei warmherzig, vertrauensvoll, offen. Wenn eine Wertschätzung dir unangemessen erscheint, wehre nicht ab, sondern merke dir diesen Punkt für ein späteres Counseln.

Aufgabe

Lies die bisherigen Beispielsitzungen in diesem Buch. Überlege, wofür der Counselor jeweils am Schluß den Klienten wertschätzen kann.

Übung für die Gruppe

Ihr bringt einen Stoß Karteikarten mit. Dann muß sich ein Teilnehmer in die Mitte setzen. Aus dem Kreis werden ihm Wertschätzungen gesagt, die alle auf eine Karteikarte geschrieben werden. Dann kommt der nächste an die Reihe, bis alle eine Karte mit Wertschätzungen haben. Die Karten werden mit nach Hause genommen. Zu Hause könnt ihr die Karte immer wieder lesen. Hier ein Beispiel:

<u>Sandra</u>

Du bist humorvoll	Du bist neugierig aufs	in dir ruhend
Du versuchst ständig Neues	Leben	ehrlich mit dir
Du gibst anderen viel Raum	Du bist unternehmungs-	sehr gelassen
Du findest Liebe für dich	lustig	konstruktiv
Du kannst gut zuhören	Du bist abenteuerlich	unkonventionell

Aufgabe

Prüfe im Alltag:

- Wie oft äußerst du Anerkennung einem anderen Menschen gegenüber?
- Wie oft sprichst du anerkennend über Abwesende?
- Wie oft kritisierst du andere?
- Und klatschst und tratschst du nicht auch manchmal gerne ein kleines bißchen?

Ins Hier und Jetzt zurückkehren

Während und nach den Co-Counsel-Sitzungen ist der Klient sehr intensiv in eine andere Welt eingetaucht, in der er sich mit den damaligen Schmerzerfahrungen auseinandergesetzt hat. Bevor er wieder in den Alltag hinausgeht oder mit der Gruppe zusammenkommt, muß er mit seinem Bewußtsein und seiner Aufmerksamkeit in die heutige Realität zurückkehren. Folgende Übungen helfen dabei:

Gegenwärtige Prozesse in ihrem Zeitablauf wahrnehmen:
- Zähle deine Atemzüge, ahme das Ticken der Uhr nach u. ä.
- Welche Bewegungen siehst du draußen vor dem Fenster?

Die räumliche Umgebung wahrnehmen:
- Beschreibe die Türseite des Zimmers, deine Kleidung, das Bild an der Wand, zeige fünf rote Gegenstände u. ä.

Im Körper sein:
- Mache drei Kniebeugen, balanciere auf einem Bein, mache einige Körperbewegungen, die Freude ausdrücken, schüttele die Arme usw.

Einfache Denk- und Erinnerungsaufgaben:
- Sage das Alphabet rückwärts auf, nenne Dinge im Raum, die mit S beginnen. Beschreibe, was du heute zum Frühstück gegessen hast! Wieviel ist 13×17?

Auch die Handlungen zum Abschluß des Counselns bringen den Klienten wieder zurück in die Gegenwart:
- Das gegenseitige Sich-Bedanken, Aufstehen, Aufräumen, Verabreden der nächsten Sitzung etc.

(Ob und wie viele dieser Aufgaben der Klient ausführt, richtet sich danach, wie schnell und nachhaltig er seine Aufmerksamkeit umschalten kann. Daß er wieder in den Alltag zurückkehrt, ist notwendig, damit er z. B. im Straßenverkehr wieder wach und aufmerksam ist. Der Counselor muß sich dessen vergewissern und notfalls nachfragen.)

Beispiel für den Schluß einer Sitzung

Der Klient, der zum Thema «Allein gelassen werden» gecounselt hatte, beendet die Sitzung.

Klient: So will ich das machen! Damit ist die Sache abgeschlossen.

Counselor: Gut. – Ich bewundere an dir, daß du dir so zielstrebig ein neues Leben aufbaust!

Klient: Ja.

Counselor: Du kannst jetzt etwas feiern!

Klient: Ja. *(überlegt)* Ich feiere, daß ich gefühlsmäßig nicht mehr so von anderen Menschen abhängig bin, sondern in mir selbst ruhen kann. *(sieht dabei glücklich aus)*

Counselor (nickt): Dann laß uns ins Hier und Jetzt zurückkehren. *(schaut umher)* Was hast du da eigentlich alles in deiner Tasche?

Klient (kramt in der Tasche): Meinen Schreibblock, meine Brille, mein Portemonnaie, meine Flasche mit Kaffee *(trinkt einen Schluck)*, Strickjacke... und so Kleinigkeiten, Kugelschreiber, Kamm, Kaugummi... Also, jetzt bin ich ganz wieder da!

Counselor: Gut. Dann laß uns mal sehen, ob die anderen auch fertig sind! Ich danke dir für diese Sitzung.

Klient: Ich danke dir!

Was man beim Co-Counseln vermeiden sollte

Achtung vor dem anderen Menschen ist die Grundlage des Co-Counselns. Diese Achtung ist geprägt von dem Bewußtsein, daß der andere Mensch als Subjekt über sein Leben und Handeln selbst entscheidet und dafür die Verantwortung trägt.

Ich verzichte darauf, über ihn Macht auszuüben oder ihn zu manipulieren. Ich akzeptiere, daß mein Mitmensch völlig andere – sogar mir unverständliche – Meinungen, Pläne, Ziele und Verhaltensweisen haben kann. Ich dränge ihm nicht meine Lebensweise auf, sondern lasse ihm den Freiraum, seine eigene Lebensweise zu verwirklichen. Ich spreche ihn als einen intelligenten, selbstverantwortlichen Menschen an, der sich Gedanken macht und für sein Handeln Gründe hat. Diese Grundhaltung prägt die praktische Arbeit des Co-Counselns. So fördert es den Prozeß des Co-Counselns nicht, wenn ich

- nur mit meinem Lieblingspartner counsele und andere abweise,
- die getroffenen Vereinbarungen mißachte,
- die vereinbarten Zeiten überschreite oder
- die Gruppensitzung zum Kaffeeklatsch werden lasse.

Auch in der jeweiligen Rolle als Klient oder als Counselor vermeide ich bestimmte Verhaltensweisen, die dem Sinn des Co-Counselns zuwiderlaufen.

Als Klient versuche ich zu vermeiden, daß ich:
- dem Counselor Geschichten erzähle,
- den Entschluß fasse, das heiße Thema heute einmal nicht zu bearbeiten oder während des Counselns auf Nebenschauplätze auszuweichen,
- mir schon vorher ausdenke, was bei der Sitzung herauskommen soll,

- meinen Bericht spannend mache, nur damit der Counselor ihn toll findet,
- alle Augenblicke das Thema wechsele und viele verschiedene Dinge anspreche, ohne in die Tiefe zu gehen,
- meinen Erinnerungen oder Gedanken nachhänge, ohne dabei zu sprechen,
- meine Gefühlsänderungen übergehe,
- Spannungen im Körper unbeachtet lasse,
- meinen Körper steif halte und nur oberflächlich atme,
- in Gefühlen «bade», ohne sie aufzuarbeiten,
- mir nach der Katharsis keine Zeit nehme für Zukunftspläne oder das Einüben neuer Strategien,
- den Anspruch habe, daß am Ende der Sitzung alles restlos bereinigt sein muß.

Parallel dazu versuche ich als Counselor darauf zu achten, daß ich:
- mich nicht dafür verantwortlich fühle, daß der Klient eine gute Sitzung hat (auch das ist ein Muster),
- nicht meine, mein Klient müsse eine Katharsis haben, um mir zu beweisen, daß ich ein guter Counselor bin,
- vermeide, aus Angst vor Fehlern gar nicht zu intervenieren,
- nicht nur an der Aufarbeitung meiner eigenen Schwierigkeiten interessiert bin, ohne auf die Weiterentwicklung des anderen Menschen zu achten; d. h., ich mache mir über meine Arbeit als Counselor Gedanken, ohne diese Rolle nur als notwendiges Übel in Kauf zu nehmen, weil ich sonst nicht Klient sein kann,
- nicht die Rolle des Therapeuten spiele – überlegen und professionell,
- ruhig und geistesgegenwärtig bin,
- nicht aus dem Fenster schaue, im Zimmer herumgucke oder während des Counselns Tee trinke,
- Hilfen gebe, wenn der Klient Hilfen wünscht,
- nicht interveniere, wenn der Klient keine Interventionen will,
- meine Vorschläge nicht erst 10 Minuten später mache, wenn der Klient längst über etwas anderes spricht,

- nicht auf meinen Vorschlägen beharre, obwohl der Klient sie abgewiesen hat,
- das Ende der abgemachten Zeit rechtzeitig ankündige,
- am Schluß der Sitzung nicht abrupt aufstehe und weggehe.

Sowohl Counselor als auch Klient bemühen sich darum, ihr Verhalten während der Sitzung an der Grundhaltung des Co-Counselns auszurichten und dem anderen Menschen Respekt, Achtung und Zuwendung zu geben.

Co-Counseln für Fortgeschrittene

Dieses Kapitel bietet denen, die schon einige Erfahrungen mit dem Co-Counseln gemacht haben, Techniken und Übungen, mit deren Hilfe man den Prozeß des Co-Counselns vertiefen kann. Damit können Fortgeschrittene ihre Arbeit – sowohl in der Rolle des Counselors als auch in der des Klienten – Schritt für Schritt intensiver gestalten.

Rollenspiele

Die Vergangenheit spielen

Spiele dich selbst in einer früheren Situation. Bitte den Counselor, die Person zu spielen, mit der du damals zu tun hattest, und gib ihm an, was er sagen soll. Diese Sätze können Erinnerungen sein oder etwas, was der andere typischerweise gesagt haben könnte, z. B.: «Was du auf dem Teller hast, wird aufgegessen!» oder «Du darfst nicht mit Jungen spielen!» Antworte der Person in der Gegenwartsform.

Beende die Sitzung mit einer Wertschätzung; sage: «Ich bin nicht mehr... von damals! Heute kann ich...!»

Zwei Personen spielen

Während einer Neubewertung kann es nützlich sein, die Person zu spielen, mit der du im Konflikt stehst. Laß beide Seiten zu Wort kommen! Nimm zwei Kissen oder zwei Stühle, setz dich zuerst auf den einen Stuhl, und sage deinem Gegner, was du über ihn denkst. Dann wechsle auf den anderen Stuhl und erwidere, was dein Gegner antworten würde. Während des Streits wechselst du mehrmals zwischen den Stühlen. Ziel ist, die Gefühle beider Seiten auszudrücken. Das gibt dir einen neuen Blickwinkel. Manchmal zeigt sich dabei, daß die chronischen Muster der anderen Person, unter denen du gelitten hast, auch in dir selbst stecken.

Einen inneren Konflikt spielen

Manchmal merkst du, daß dein Schmerz nicht einen Konflikt mit einer anderen Person zur Ursache hat, sondern einen inneren Konflikt von zwei Persönlichkeitsteilen in dir selbst. Auch diesen Konflikt kannst du klären, indem du beide Seiten zu Wort kommen läßt. Nimm zwei Kissen oder zwei Stühle, setz dich zuerst auf den einen

Stuhl, und laß den einen Teil von dir alles sagen. Dann wechsle auf den anderen Stuhl, und erwidere, was dir für den anderen Teil einfällt. Ziel ist, beide Seiten in dir voll auszudrücken. Geh am Ende auf einen dritten Stuhl, und werde wieder zu der Person, die du in Wirklichkeit bist. Fasse hinterher zusammen, was dir durch diese Übung klargeworden ist.

Beispiel

Klient: Ich muß einmal meinen Ärger über Sylvia loswerden! Das ist vielleicht eine dämliche Ziege, ich kann sie nicht mehr ausstehen! *(berichtet über ärgerliche Erlebnisse mit Sylvia)*

Counselor: Was möchtest du ihr denn sagen? Hier, das ist Sylvia! *(legt ein Kissen vor den Klienten)*

Klient: Du blödes Weib! *(schlägt auf das Kissen ein)* Ich kann dich nicht mehr sehen! Du bist so widerlich *(boxt)*! So dumm und so eingebildet, das kotzt einen ja an! *(usw. – hört nach einer Weile erschöpft auf)* Jetzt geht es mir schon besser. Jetzt kann ich wieder klar denken. *(setzt sich hin und schaut den Counselor hilfesuchend an)* Was mach ich jetzt?

Counselor: Wenn du der Sylvia sagst, was du über sie denkst, was würde sie dann antworten? *(zeigt:)* Hier, wenn du auf diesem Stuhl sitzt, bist du Sylvia.

Klient: Ich will nichts mehr mit dir zu tun haben. Ich will dich nicht mehr sehen und nicht mehr mit dir telefonieren!

Counselor zeigt auf den anderen Stuhl.

Klient (setzt sich auf den anderen Stuhl, spricht jetzt als Sylvia, macht erstaunte Augen): Ich weiß gar nicht, was ich sagen soll. Wir haben uns doch immer gut verstanden! Was hast du gegen mich?

Klient (wechselt den Stuhl, spricht als er selbst): Ja, wir haben gut zusammengearbeitet, weil das von der Arbeit her notwendig war, aber das hat doch nichts mit unserem Privatleben zu tun!

Klient (als Sylvia): Ich bin immer noch völlig geschockt von deinem Angriff. Zwischen uns war doch nie ein böses Wort, und wir haben so schöne Gespräche miteinander gehabt!

Klient: Ja, ich habe dir zugehört, wenn du was erzählt hast, um dich nicht zu verärgern, weil wir ja zusammenarbeiten mußten. Und ich habe dir auch zugehört, wenn du mir «gute Ratschläge» gegeben hast, obwohl du dir eigentlich denken könntest, daß ich in meinem Alter ganz gut selber weiß, was ich tue.

Klient (als Sylvia): Da habe ich wohl einen ganz falschen Eindruck bekommen. Ich dachte wirklich, daß wir uns gut verstehen!

Klient: Das ist eben nicht der Fall! Wir haben völlig verschiedene Lebensauffassungen! Ich habe das bisher nur nicht gesagt! Du versuchst nämlich, die Sache zu benutzen, um dein Geltungsbedürfnis zu befriedigen, und ich versuche, mich der Sache zu unterstellen! Das ist es! Das ist der Punkt! Zwei verschiedene Lebensauffassungen! Wir gehen total verschiedene Wege.

Das kann ich so lassen. Ich habe aber jetzt erst gemerkt, als ich die Sylvia gespielt habe, wie ich auf andere wirke und daß ich andern Leuten gegenüber vielleicht zu entgegenkommend bin und meine wahren Gefühle zu sehr verberge. Das heißt nicht, daß ich in Zukunft unfreundlich sein will, aber vielleicht doch öfter mal widersprechen oder so. Darüber will ich das nächste Mal counseln!

Die Katharsis schauspielerisch hervorrufen

Wenn die Entladung nicht in Gang kommen will, kannst du dich mit den folgenden Techniken in die Katharsis «hineinspielen».

Du mußt vorher ungefähr wissen, nach welchem Schmerz du suchst – Ärger oder Angst, Wut oder Verzweiflung. Dann nimm eine Körperhaltung ein, die für eine echte Katharsis typisch ist.

Aufgaben

Wut spielen

Gerade Wut wird häufig blockiert. Um Wut freizusetzen, kannst du mit einem Kissen um dich schlagen oder auf ein Kissen einschlagen. Das geht am besten, wenn du dich hinkniest und mit beiden Händen gleichzeitig zuschlägst. Fang mit leichten Schlägen an, und steigere sie allmählich, bis du so fest schlägst, wie du nur kannst. Schreie, stöhne oder knurre! Ein stereotypes und gleichmäßiges Schlagen führt nicht zur Katharsis. Echte Wut äußert sich meist explosiv und in kurzer Aktion. Agiere deine Wut ohne Hemmungen aus, und laß dazu Worte heraus.

Du kannst deine Wut auch durch das Zerreißen von Pappkartons abreagieren. Springe auf den Karton, zertrampele ihn, oder stich mit einem spitzen Gegenstand auf ihn ein. Gib dem Karton einen Namen, wenn dein Ärger mit bestimmten Personen zu tun hat. Laß deinen Gefühlen freien Lauf, äußere Beschimpfungen. Sag alles, was ungesagt geblieben ist.

Trauer spielen

Leg dich wie ein Baby auf den Boden. Fühle dich elend und verlassen und schrei. Krümme dich zusammen, und rolle dich hin und her, wie es ein Baby machen würde.

Oder erinnere dich an einen zentralen Verlust in deinem Leben. Entspanne die Kiefermuskeln und die Stirn. Dein Counselor kann dir helfen, indem er dir die Hände auf den Kopf legt und dich sanft massiert. Bewußte Entspannung verkrampfter Muskeln kann Weinen erleichtern. Versuche, klagende Laute von dir zu geben.

Angst spielen

Versuche zur Übung zu zittern und deinen Körper zu schütteln. Beginne mit einem Körperbereich – Arme, Schultern oder Beine –, und laß das Zittern dann auf den ganzen Körper übergehen. In Angstzuständen können einige Körperteile so steif sein, daß du sie gar nicht oder nur sehr unkoordiniert schütteln kannst.

Oder stelle dich hin, zähle Dinge oder Menschen auf, die dir angst machen, und mache folgende Übung:

- laß die Arme hängen, und schüttle die Hände kräftig,
- beweg die Schultern, und schüttle sie,
- atme tief ein, lockere beim Ausatmen den Kiefer, und laß ihn zittern.

laß bei allen Übungen Geräusche zu, und halte den Mund leicht geöffnet.

Um Angst zu entladen, ist es wichtig, sich sicher zu fühlen. Dafür ist eine Berührung manchmal hilfreich. Probiert folgende Position aus: Klient und Counselor stehen sich gegenüber und sehen sich an. Der Counselor legt seine Hände auf den Rücken des Klienten – entweder um die Schultern oder unter den Armen durch. Er berührt den Rücken nur mit den Fingerspitzen und gibt dadurch Kontakt und Unterstützung, ohne den Klienten einzuengen. Der Klient legt ebenfalls die Fingerspitzen auf den Rücken des Counselors, Ellbogen nach außen etwas angehoben. Er lehnt sich leicht auf die Fußballen vor, der Kopf hängt locker nach unten, Kiefer gelöst. Dazu schüttelt er die Arme und bringt allmählich den ganzen Körper ins Zittern.

Ekel spielen

Wir ekeln uns, wenn wir uns von Giften und Verunreinigungen befreien wollen – psychisch und physisch. Benutze dafür in der Übung Bewegungen und Geräusche, die eine Art Würgen ausdrücken. Stelle dir Leute oder Situationen vor, die du ekelhaft findest. Eine andere Art des Ausagierens ist das Malen mit Farben, die dich an Schmutz, Erbrochenes oder Kot erinnern. Auch dazu mach die passenden Geräusche.

Eine Übung, in der Angst und Ekel gemischt sind, heißt «Der verrückte Hund»: Stelle dir vor, ein kleiner Hund hat sich in deinem Fuß verbissen. Versuche ihn abzuschütteln, und gib Stimme und Körper ganz hinein.

Vorsicht! Die vorstehenden Übungen dürfen nicht mißverstanden werden, nach dem Motto: Wenn ich keine Katharsis kriege, spiele ich eine. Die Übungen sollen nicht Ersatz für eine Katharsis sein, sondern sie hervorrufen.

Die «Kissenschlacht»

Mit der folgenden Übung kannst du dich innerlich auf eine zukünftige Situation vorbereiten.

Benutze zwei Kissen (oder zwei Stühle oder zwei Kreise auf dem Boden) – das eine ist das «Personen-Kissen», das andere das «Muster-Kissen». Setze dich auf das Personen-Kissen, wenn du als vernünftiges und kompetentes Ich sprichst, mit all deinen Fähigkeiten und Einsichten. Wechsele auf das Muster-Kissen hinüber, wenn dein blockiertes Ich spricht, mit seinen Mustern und seinem Schmerz.

Beginne auf dem ersten Kissen so zu sprechen, wie du es in der zukünftigen Situation gern tun würdest. Wenn du dabei auf schmerzhafte Gefühle stößt, wechsele sofort auf das Muster-Kissen.

Der Counselor beobachtet und macht dich darauf aufmerksam, wenn du ein Schmerzsignal nicht bemerkst (z. B. Stottern, Zögern, Selbstabwertung, Aggression, entschuldigender Tonfall). Wenn du dein Muster bearbeitet hast, kehre auf das Personen-Kissen zurück. Dort male dir weiter die Zukunft aus, bis du wieder an Schmerzpunkte gerätst und erneut den Platz wechseln mußt.

Aufgabe

Suche bei dir ein Ärger-Muster («Ich muß mich immer ärgern, wenn...»). Setze dich mit diesem Ärger auf ein Kissen. Auf dem gegenüberliegenden Kissen sitzt du als «vernünftiger» Mensch. Nun spiele «Kissenschlacht»!

Leitsätze

Jeder Mensch benutzt Leitsätze, meist ohne sich über deren Wirkung im klaren zu sein. Wir alle kennen die Situation, in der wir uns immer wieder sagen: «Da muß ich durch!» Oder, um ein positives Beispiel zu bringen: «Morgen mache ich mir einen schönen Tag!» Damit stimulieren wir eine bestimmte Empfindung – Entschlossenheit oder Vorfreude – und halten sie wach. Ein Leitsatz im Sinne des Co-Counselns ist eine Stütze für die Weiterarbeit.

Leitsätze finden

Ein Leitsatz kann vom Klienten gefunden oder vom Counselor angeboten werden. Der Counselor braucht Einfühlungsvermögen und Erfahrung, um zu wissen, was dem Klienten als Leitsatz dienen kann. Der Leitsatz soll kurz und einprägsam sein. Er kann auch eine Frage sein, ein einzelnes Wort, eine Geste, ein Gesichtsausdruck, wie z. B.:

- ein Leitsatz: Ich kann das!
- eine Frage: Ist das wirklich «mein Ding»?
- ein Wort: Unverletzbarkeit
- ein Gesichtsausdruck: jemandem (oder auch dem Leben) die Zunge herausstrecken
- eine Geste: das V-Zeichen mit zwei Fingern (als Abkürzung für das englische Wort victory – Sieg)

Die Wirksamkeit testen

Der Leitsatz soll etwas im Klienten bewegen, Empfindungen hervorrufen oder verstärken.

Der Klient sucht also den Leitsatz, der die stärkste Veränderung in der gewünschten Richtung bewirkt. Das kann auch in Zusammenarbeit zwischen Counselor und Klient geschehen.

Beispiel

Klient: Ein erwachsener Mensch muß nicht von anderen abhängig sein!

Counselor: Du meinst doch dich selbst, sage: «Ich muß nicht von anderen abhängig sein!»

Klient (horcht in sich hinein, spricht dabei): Ich muß nicht von anderen abhängig sein. – Nein, das ist es noch nicht.

Counselor: Formuliere es einmal als positive Aussage, etwa: «Ich kann frei entscheiden!»

Klient: Ich kann frei entscheiden *(spürt in sich hinein)*.

Counselor: Ja...?

Klient: Ja, ich meine noch etwas anderes. *(murmelt)* Frei entscheiden – ohne Einmischung – was ich richtig finde – nach meinem Herzen... Ja, das ist es: Ich folge meinem Herzen! Das ist mein Satz!

Dieses Herausfinden des wirksamsten Satzes erfordert manchmal viel Konzentration; die Arbeit lohnt sich aber, weil ein guter, hundertprozentig stimmender Leitsatz dem Klienten entscheidend weiterhelfen kann. Eine positive Aussage ist meist stärker als eine negative, und eine Aussage in der Ich-Form ist wirksamer als eine allgemein gehaltene.

Wenn das Muster, das wir auflösen wollen, aus der Kindheit stammt, können wir den Leitsatz durch die Anrede des damals wichtigen Elternteils verstärken, z.B.: «Ich bin in Ordnung, so wie ich bin, Mami!» Oder: «Vater, ich habe keine Angst mehr vor dir!»

Den Leitsatz wiederholen

Ein Co-Counsel-Partner sagte einmal: «Der Leitsatz ist wie ein Geländer, an dem man sich festhalten und vorwärtshangeln kann!» Denn der Klient wiederholt den Leitsatz mehrmals; immer dann, wenn er seine inneren Prozesse neu anregen, verstärken oder in Gang halten möchte. Das kann in einer Katharsis sein (Beispiel: «Warum hast du das getan?») oder nach der Neubewertung, um die neue Freiheit zu bestärken (Beispiel: «Ich folge meinem Herzen»).

Der Klient kann den Counselor bitten, ihm während des Prozesses den Leitsatz immer wieder zu sagen. Dann kann er selbst sich ganz auf seine innere Arbeit konzentrieren.

Wir können einen Leitsatz auch aufschreiben und in den Alltag mit hineinnehmen. Wir lesen ihn dann jedesmal, wenn wir an das alte Muster erinnert werden. Wenn der Leitsatz uns «nichts mehr sagt», haben wir seine Wirkung verinnerlicht.

Den Leitsatz wirken lassen

Der Leitsatz nützt nichts, wenn wir ihn mechanisch hersagen und dabei an etwas anderes denken. Die Wirkung des Leitsatzes liegt in der Veränderung, die er in unserem Empfinden und Denken hervorruft. Sie ist um so stärker, je bewußter wir ihr nachspüren und sie mitvollziehen. Ein richtig angewandter Leitsatz kann das Schwingungsfeld in und um uns und damit unser ganzes Befinden wandeln.

Beispiele

Leitsätze zur Verstärkung eines Schmerzes vor oder in der Katharsis:

- Ich habe solche Angst!
- Du willst mir mit Absicht schaden!
- Immer wird mir das Erreichte aus der Hand geschlagen!

Bei der Neubewertung eines Ereignisses nach der Katharsis:

- Ich brauche keine Angst zu haben.
- Heute bin ich ein selbständiger Mensch.
- Ich allein entscheide über mein Leben.

Bei der Planung meines zukünftigen Verhaltens:

- Ich gehe freundlich auf meine Kunden zu.
- Ich sage nein, wenn jemand über meine Zeit verfügen will.
- Wenn ich mich verspreche, nehme ich das ganz locker und lache darüber.

Übung

Bildet Dreiergruppen! Ein Teilnehmer ist der Klient, einer der Counselor und der dritte der Beobachter.

Klient und Counselor halten eine normale Co-Counsel-Sitzung ab. Der Beobachter versucht, während der Sitzung Leitsätze für den Klienten zu finden. Dabei kann es sich um einen Satz handeln, den der Klient benutzt hat, oder dem Beobachter kommt ein Satz in den Sinn, der die vom Klienten angestrebte Veränderung auf eine Kurzformel bringt. Der Beobachter schreibt diese Vorschläge auf und befragt nach der Sitzung den Klienten nach ihrer Wirksamkeit.

Bei dieser Übung müssen die Rollen dreimal getauscht werden, so daß jeder Teilnehmer einmal Counselor, einmal Klient und einmal Beobachter sein kann. Die Übung sollte von Zeit zu Zeit wiederholt werden, da man zum Finden wirklich passender Leitsätze viel Erfahrung braucht.

Mit Gegensätzen arbeiten

Das menschliche Denken teilt die Welt auf in Gut oder Böse, Richtig oder Falsch, Liebe oder Haß usw. Zwischen solchen Gegensätzen besteht eine Spannung, die wir beim Co-Counseln ausnutzen können, um weiterzukommen.

Wenn ich z. B. das Gefühl habe, daß mich alle hassen, und dann aufgefordert werde, das Gegenteil zu denken («Alle lieben mich!»), dann kann der Kontrast zu dem, was sein könnte, so groß sein, daß er erschütternd wirkt und zu einer Entladung führt.

Muster bestehen darin, daß wir von einem einseitigen Verhalten nicht loskommen und nicht frei sind, etwas anderes zu tun. Wenn wir z. B. Angst vor dem Chef haben, können wir uns nicht frei und locker fühlen; wenn wir auf den Bruder eifersüchtig sind, gönnen wir ihm die besondere Zuneigung der Eltern nicht, auch wenn wir es theoretisch möchten. Durch Katharsis und anschließende Neubewertung können wir uns aus der starren Verhaftung an dieses Verhalten lösen. Der erste Schritt dazu ist, daß wir erkennen, zwischen welchen Extremen unser Denken und Fühlen sich bewegt. Das heißt in der Praxis, daß wir das Gegenteil suchen von dem, was wir z. Zt. denken und fühlen.

Der Schmerzerfahrung widersprechen

Oft kann ein Satz, der das Gegenteil der Schmerzerfahrung formuliert, einen neuen Zugang zu verschütteten Gefühlen ermöglichen.

Beispiel

Klient: Worüber ich counseln will: Ich kann mich so schlecht ausdrücken.

Counselor: Wie äußert sich das?

Klient: Wenn ich etwas sagen will, fehlen mir die richtigen Worte, und ich stottere mir irgend etwas zusammen.

Counselor: Erzähle ein Beispiel!

Klient: Neulich sollte ich dem Professor über eine Tagung berichten und hatte hinterher das Gefühl: Das Wesentliche ist gar nicht rübergekommen; obwohl ich mir vorher sogar aufgeschrieben hatte, was ich sagen wollte.

Counselor: Und...?

Klient: Ja, ich hatte das Gefühl, der hört mir gar nicht richtig zu. Und dann lasse ich Sachen aus und verkürze meine Rede, um möglichst schnell zum Schluß zu kommen und ihn nicht weiter zu belästigen.

Counselor: Wie war das früher?

Klient: Ja, das war eigentlich immer so. Ich hab nur was gesagt, wenn ich gefragt wurde. Von mir aus etwas erzählen – das konnte ich nicht.

Counselor: Sag das in der Gegenwartsform!

Klient: Ich rede nur, wenn ich gefragt werde. Von mir aus etwas erzählen – das kann ich nicht.

Counselor: Wem könntest du denn alles erzählen, was du erzählen möchtest?

Klient: Niemandem. Ich habe keine Freunde, die mir so richtig zuhören.

Counselor: Sag das noch einmal!

Klient Ich habe keine Freunde, die mir zuhören.

Counselor: Sag das Gegenteil!

Klient Ich habe viele Freunde, die mir zuhören! *(beginnt heftig zu weinen)*

Obwohl der letzte Satz nicht stimmte, war er für den Klienten eine Offenbarung. Es gab ihm ein neues Lebensgefühl, diesen Satz überhaupt einmal zu denken. Er hielt es nun nicht mehr für unmöglich, Freunde zu haben, und fand auch welche, nachdem er den Satz einige Zeit als Leitsatz benutzt hatte.

Herabsetzungen widersprechen

Oft machen wir uns selbst schlecht und denken negativ über unsere Fähigkeiten, weil wir nicht eingebildet oder überheblich sein wollen oder von unseren Eltern den Anspruch übernommen haben, alles perfekt machen zu müssen. Auch das ist ein Muster.

Sag das Gegenteil von allen negativen Herabsetzungen deiner selbst. Du brauchst an den Widerspruch zunächst nicht zu glauben, aber du solltest so tun, als ob du es glaubst. Das wird dir manchmal schwerfallen; darum probiere mehrere Formen aus: das leise Aussprechen des Widerspruchs, aber auch das Schreien und Agieren. Hier sind einige negative Behauptungen zum Ausprobieren:

- Ich bin nur ein kleiner Angestellter / nur eine Hausfrau.
- Ich habe ein schiefes Gesicht.
- Die Leute mögen mich nicht.
- Ich kann nichts im Kopf behalten.
- Ich erlebe nie etwas Besonderes.
- Ich habe zwei linke Hände.
- Ich bin faul.

Verkehre diese Sätze nicht mechanisch in ihr Gegenteil, indem du ein «nicht» hinzufügst oder wegläßt, sondern überlege dir eine bessere Formulierung, die wirklich deine gute Seite zum Vorschein bringt!

Statt «Die Leute mögen mich» z. B. «Oft fragen mich Menschen um Rat!» Statt «Ich kann mich gut ausdrücken» besser «Wenn ich mir Mühe gebe, hören mir andere gern zu!»

Bei «Ich bin nur ein kleiner Angestellter» genügt es vielleicht schon, wenn du das einschränkende «nur» wegläßt und dabei aber deine Körperhaltung änderst: Steh gerade, halte den Kopf hoch, bewege die Arme, entspanne deine Hände und zeige, daß du einzigartig bist!

Gegen körperliche Muster angehen

Auch unsere Körpersprache kann negative Muster enthalten. Manche davon sind weit verbreitet – z. B. auf den Boden sehen, Schultern hängenlassen, sich so unauffällig wie möglich verhalten. Entsprechend fühlen wir uns dann auch! Mach genau das Gegenteil! Sieh hoch, schau den Menschen ins Gesicht! Vor dem Spiegel kannst du das besonders gut kontrollieren.

Finde dazu einen Satz der Wertschätzung, z. B.: «Ich schaue jedem frei ins Gesicht!» Oder: «Ich bin ein aufrechter Mensch!»

Nimm deine Stimme auf Tonband auf, und prüfe den Tonfall deiner Stimme, die Stimmlage, die Stimmstärke, die Ausdrucksweise. Verändere sie, bis sie ebenfalls Selbstbewußtsein ausdrükken!

Das Ziel

Das Ziel ist nicht, daß du in allem das genaue Gegenteil von deinem jetzigen Ich werden sollst, sondern einfach, daß dir in Zukunft mehr Ausdrucksmöglichkeiten zur Verfügung stehen.

Ein Muster zeigt auch an, daß wir Angst vor dem Gegenteil haben. So beruht z. B. extreme Ordnungssucht oft auf der Angst vor dem Chaos. Haben wir diese Angst aufgelöst, so können wir uns mit einer gemäßigten Unordnung durchaus abfinden in dem Wissen, daß wir sie jederzeit in Ordnung überführen können. Sie stört uns nicht mehr. Wir sehen Ordnung und Unordnung jetzt als zwei Aspekte einer ganzen Skala von Möglichkeiten. Was wir lernen wollen, ist das Loslassenkönnen und das Ausnutzen der ganzen Bandbreite zwischen den zwei Extremen.

Körperliche Aktivierung

Körpersprache

Bei allen Techniken ist es wichtig, den Körper mit einzubeziehen. Blockierungen manifestieren sich auch im Körper und machen ihn unfrei. Viele Menschen schrecken davor zurück, über das reine Sprechen hinauszugehen, oder sie finden weitergehende Ausdrucksmöglichkeiten albern oder kindisch. Auch das ist ein Muster.

Co-Counseln umfaßt den ganzen Menschen, mit allem, was er ist und hat. Es beschränkt sich keineswegs nur aufs Reden. Deshalb muß in vielen Co-Counsel-Gruppen gesondert geübt werden, die Stimme, die Gesten und die Körperhaltung in die Arbeit mit einzubeziehen. Dies hilft, den alten Schmerz wieder lebendig werden zu lassen und die erstarrten Verhaltensweisen aufzubrechen. In der Katharsis entspannt sich der Körper und macht die Muster auch auf der körperlichen Ebene zugänglich.

Interventionen müssen ebenfalls nicht immer aus Worten bestehen! Wie würdest du als Counselor die folgenden Sätze durch Körpersprache ausdrücken?

- Ja! Mach weiter!
- Ich verstehe dich!
- Ich halte zu dir!
- Laß dir Zeit!

Aufgabe

Beobachte als Counselor während der Sitzung die Körperhaltung, Gesten, Bewegungen und Gesichtsausdrücke des Klienten und ahme sie nach.

- Kannst du dann diese Bewegung, diese Geste, diesen Ausdruck verstärken / wiederholen / mit einem Laut verbinden?
- Kannst du diesem Ausdruck, dieser Geste, dieser Haltung widersprechen?

Aufgaben für die Gruppe

- Das einzige Wort, das euch in der nachfolgenden Übung zur Verfügung steht, ist Roputine. Nun stellt körperlichen Schmerz dar! Ihr dürft dabei nur Roputine sagen. Alles andere müßt ihr durch eure Körperbewegungen, eure Stimme etc. ausdrücken. Dann spielt seelischen Schmerz! Drückt Angst, Wut, Ablehnung, Enttäuschung, Ekel usw. aus. Beobachtet dabei, wo im Körper jeweils die stärksten Empfindungen sitzen!
- Einer aus der Gruppe spielt vor, wie er einmal einen heftigen Streit gehabt hat. Achtet währenddessen darauf, was eure Körper beim Zuhören tun wollen, laßt es zu, und übertreibt es: Ballt die Fäuste, kaut an den Nägeln, kauert euch zusammen usw.

Körper-Aktivierung

Wenn du dich als Klient müde fühlst oder nicht weiterkommst, stehe auf, gehe auf und ab, springe durch den Raum, bewege dich kräftig, und sprich oder schreie laut. Spüre, wie Gedanken oder Gefühle dabei freiwerden.

Jede körperliche Energiesteigerung hilft, Zustände von Blockiertheit, Niedergeschlagenheit, Lähmung oder Depression zu verändern. Zu Beginn einer Sitzung hilft Körper-Aktivierung, die Müdigkeit von der vorangegangenen Tagesarbeit oder der Anreise zu überwinden und sich auf die Sitzung einzustimmen.

Aufgabe

Übt das in der Gruppe! Springt, lauft und schreit! Schwenkt die Arme, wirbelt, boxt usw. Am Ende einer Sitzung hilft Körper-Aktivierung, ins Hier und Jetzt zurückzukehren.

Körper-Entspannung

Wenn du als Klient am Anfang oder im Verlauf der Sitzung nicht weiterkommst, weil deine Gedanken oder Gefühle blockiert sind, können auch Lockerungs- oder Streckübungen helfen. Dadurch kannst du seelisch besser loslassen und dich öffnen.

Aufgabe

Übt gemeinsam in der Gruppe das Ausschütteln von Armen und Beinen! Streckt die Arme ganz weit über den Kopf hinauf, stellt euch auf die Zehenspitzen, versucht, mit den Fingerspitzen die Zimmerdecke zu erreichen. Atmet tief ein und aus (Bauchatmung)! Welche weiteren Entspannungstechniken kennt ihr?

Tiefenwahrnehmung

Wir sind gewohnt, unser Verhalten und unsere Erlebnisse im Alltag möglichst rational zu erklären. Wenn wir jedoch eine Katharsis erreichen wollen, müssen wir anders vorgehen. Sie entsteht dann, wenn Konflikte aus den tieferen Schichten der Persönlichkeit aufgedeckt werden und sich entladen.

Um in diese Schichten vorzudringen, müssen wir uns darin üben, in uns hineinzuhorchen und unsere tieferen, manchmal fast unbewußten Regungen wahrzunehmen. Die sind oft zunächst gar nicht formulierbar, weil sie sich als unklare Empfindungen oder vage Bilder äußern. Wir müssen geduldig weiter hinspüren oder hinhorchen, bis sie deutlich faßbar werden. Zwei Beispiele zu ein und demselben Thema sollen dies veranschaulichen.

Beispiel 1: Berufswahl – Oberflächenanalyse

Klient: Ich muß mir jetzt Gedanken darüber machen, was ich in Zukunft beruflich machen will. Ich könnte weiter Bücher schreiben. Aber die Gefahr ist, daß ich gar nicht mehr unter Menschen komme und mich isoliert fühle. Ich könnte weiter Seminare und Workshops abhalten. Bloß bringt das nach meinen Erfahrungen nicht viel ein, die sind meist nicht sehr gut besucht, es herrscht so eine allgemeine Seminarmüdigkeit. Ich könnte mich auch auf Einzelbehandlungen konzentrieren. Aber das ist auch mühsam; es kostet viel Werbung, Raummiete und Anfahrt sind teuer, und es ist überhaupt sehr aufwendig. Oder ich könnte vollberuflich als Buchvertreter durch die Lande ziehen. Wenn das auch wenig Profit bringt. Und du bist dauernd auf Achse und hast Wartezeiten, und die Verdienstspanne ist gering.

Counselor: Was würdest du denn am liebsten machen?

Klient: Etwas, was viel Geld bringt!

Counselor: Welche Ideen hast du dazu?

Beispiel 2: Berufswahl – Tiefenwahrnehmung

Klient: Ich muß mir jetzt Gedanken darüber machen, was ich in Zukunft beruflich machen will.

Counselor: Spür einmal in dein Herz hinein: Was ist wirklich deine Sache?

Klient (schließt die Augen, spürt hin): Bücher schreiben!

Counselor: Jetzt spüre einmal hin, und frage dich: Was hindert mich daran?

Klient: Angst.

Counselor: Wie fühlt diese Angst sich an?

Klient: Da ist so ein schwarzes Loch, in das ich hineinfalle. Nach dem Schreiben. Während des Schreibens gehe ich ja ganz in meiner Arbeit auf und vergesse alles andere. Aber hinterher habe ich dann keine Freunde mehr, weil ich mich nicht um sie gekümmert habe, und ich falle in ein tiefes Loch und fühle mich völlig isoliert.

Counselor: Spüre dieser Angst einmal nach: Wo sitzt die?

Klient: Hier im Bauch *(zeigt die Stelle)*.

Counselor: Fällt dir dazu etwas ein?

Klient (spürt eine Weile hin): Wie ich als Kind immer so allein war *(erzählt ein traumatisches Erlebnis, das zur Katharsis führt)*.

Counselor (nach der Katharsis): Spüre einmal in dich hinein: Was ist jetzt mit dem Angstgefühl im Bauch?

Klient: Das ist noch ein bißchen da, aber das ist heller, nicht mehr so schwarz. Das schwarze Loch ist weg. Ich weiß jetzt, daß ich Freunde haben kann, wenn ich von mir aus auf sie zugehe.

Aufgaben:

- Vergleiche den Ablauf der beiden Beispiele. Welche der beiden Sitzungen gibt dem Klienten deiner Meinung nach eine bessere Entscheidungshilfe an die Hand? Begründe deine Meinung!

- Lies noch einmal die anderen Sitzungsbeispiele in diesem Buch! Wo erkennst du Elemente einer Oberflächenanalyse? Wo erkennst du Elemente der Tiefenwahrnehmung?

Der Ablauf der Tiefenwahrnehmung

Wenn wir das Empfangen und Erkennen von Informationen aus tieferen Schichten üben, vollziehen wir folgende Schritte:

- Vorbereitung: Wir schalten die Zensur des rationalen Verstandes aus: Wir sprechen uns vor: «Ich gehe aus dem Kopf» und bewegen dabei langsam unsere waagerecht gehaltenen Hände (die Fingerspitzen zeigen aufeinander zu) vor dem Gesicht und Oberkörper nach unten bis in die Höhe des Bauchnabels.
- Wir stellen eine Frage, z. B.: «Was ärgert mich an...?»
- Wir spüren in uns hinein.
- Wir nehmen eine Vorgestalt wahr: Die Antwort auf die Frage ist eine – manchmal minimale – Empfindung, die zunächst meist als undeutlicher Gesamteindruck, als sogenannte Vorgestalt, zu spüren ist. Wir versuchen diese Empfindung möglichst genau zu erfassen. Das ist so ähnlich, als wenn wir uns an etwas erinnern wollen. Auch dort versucht man ja, eine vage Vorgestalt in den Brennpunkt des Bewußtseins zu bringen und klar zu erkennen. Das kann sich als ein Bild herausstellen oder als ein Gefühl, eventuell auch als ein Wort oder einfach ein Wissen.
- Wir beschreiben in Worten, was wir erkennen. Dann vergleichen wir unsere Beschreibung mit der wahrgenommenen Empfindung, dem Bild oder dem Eindruck: Paßt sie hundertprozentig? Wenn nicht, suchen wir weiter nach einer besseren Formulierung!
- Die stimmige Formulierung erkennen wir daran, daß wir so etwas wie ein Aha-Erlebnis dabei haben: «Ja, das ist es, so muß es heißen!»

Beispiel

In einer Co-Counsel-Sitzung hat der Klient über seinen Ärger gesprochen. Nun kann der Counselor dem Klienten die entsprechenden Aufforderungen sagen:

Counselor: Wir gehen aus dem Kopf!

Counselor und Klient sprechen «Ich gehe aus dem Kopf» und machen die Bewegung dazu.

Counselor: Was ist dein Problem?

Klient: Was mich an Erika ärgert.

Counselor: Spüre in dich hinein!

Klient schließt die Augen und spürt in sich hinein.

Counselor: Was nimmst du wahr?

Klient: Ich spüre den Ärger hier im Brustraum.

Counselor: Versuche, das genauer zu erfassen!

Klient: Ich habe die Empfindung, daß sich in der Brustbeingegend etwas dreht. Ein Quirl? Nein, das ist es nicht.

Counselor: Sag es genauer!

Klient: Ein Bohrer! Ja, das bohrt in mir! So fühlt es sich an!

Counselor: Was möchtest du tun?

Klient: Ich möchte den Bohrer herausreißen, an die Wand werfen und darauf herumtrampeln (*macht die entsprechenden Bewegungen und schreit*).

Übung

Haltet eine Co-Counsel-Sitzung ab zum Thema: Mein größter Ärger! Der Counselor stellt dabei an den passenden Stellen die obigen Fragen. Der Klient bemüht sich um Tiefenwahrnehmung. Macht dazu auch einmal eine Demonstrationssitzung vor der ganzen Gruppe.

Tips für den Counselor

In einem Handbuch wie diesem kann nicht der Wortlaut jeder mög-
lichen Intervention vorgeschlagen werden. Der Counselor muß daher lernen, dem Klienten aus der Situation heraus Hilfen anzubie-
ten. Dafür werden nachstehend praktische Hinweise gegeben.

Hinweiskarten

Schreibe dir die wichtigsten Co-Counsel-Schritte auf Karteikarten!
Lege die Karten in einem Packen neben dich. Die Karte «Verabredet
eine Zeit» liegt obenauf. Wenn ihr die Zeit verabredet habt, lege diese
Karte unter den Packen. Dann siehst du deine nächste Frage obenauf,
nämlich «Was ist dein Thema?». So führen dich die Karten durch die
Sitzung, ohne daß du den Ablauf dauernd im Kopf behalten mußt.
Die folgenden Stichwörter solltest du auf die Karten schreiben:

- Verabredet eine Zeit
- Was ist dein Thema?
- Noch fünf Minuten
- Feiern/Wertschätzen
- Ins Hier und Jetzt zurückkehren
- Zusammenfassen

Eine zweite Art von Hinweiskarten kannst du für Interventionen
benutzen. Sie enthalten die häufigsten Aufforderungen an den
Klienten, z. B.:

- Gehe noch weiter zurück!
- Sprich in der Gegenwartsform!
- Beschreibe alle Einzelheiten!
- Suche einen Leitsatz!

Anstatt dem Klienten etwas zu sagen, kannst du jetzt auch die entsprechende Karte hochhalten. Jedesmal, wenn du eine neue Technik lernst, kannst du eine oder mehrere neue Karten hinzufügen.

Den Kurs einhalten

Wenn der Klient arbeitet, wird er vom Strom seiner Gedanken und Erinnerungen weitergetragen. Dabei gleicht er einem Ruderer, der sich auf diesem Strom vorwärts arbeitet. Der Counselor ist der Steuermann, der den Strom überblickt und dem Ruderer ab und zu Richtungshinweise gibt. Seine Aufgabe ist es, den Gang der Handlung zu verfolgen und den Klienten auf Kurs zu halten. Jede Intervention soll den Klienten seinem Ziel ein Stückchen näher bringen! Bereits in den ersten Kapiteln hatten wir Beispiele dafür:

- Der Klient hat den Faden verloren – Counselor: Du warst dabei, zu überlegen...
- Der Klient verstummt – Counselor: Sprich laut aus, was du denkst!
- Der Klient kommt vom Thema ab – Counselor: Woran arbeitest du jetzt?

Wenn du als Counselor merkst, daß beim Klienten ein Prozeß in Gang kommt oder sich verstärkt, bleibe unbeirrbar dabei, und komme immer wieder darauf zurück, so lange, bis der Konflikt deutlich geworden ist und intensiv durchlebt und durchgearbeitet wurde!

Übung

- Was tust du, wenn der Klient auf Nebenschauplätze ausweicht? Wenn er z. B. über das im vorigen Kapitel erwähnte bohrende Gefühl in der Brust counseln will, sich dann aber von seinen Gedanken ablenken läßt: «Mein Mann hat sich gerade eine neue Bohrmaschine gekauft, obwohl die alte vollkommen in Ordnung ist, ich möchte wissen, was dahintersteckt?» usw.

Als Counselor kannst du dann sagen:...............

- Vielleicht will auch der Klient das Thema abbrechen, weil er meint, es führt nicht weiter. Das kann natürlich so sein, sollte aber genau geprüft werden, etwa folgendermaßen:
  Counselor: Spüre in dich hinein.
  Klient: Ich spüre den Ärger hier im Brustraum. Aber das Gefühl hab ich da oft, da kann man nichts machen. Ich such mir lieber ein anderes Thema.
  Counselor: ....

- Es kann auch vorkommen, daß der Klient gar kein Thema hat und nur Geschichten erzählt, z. B.:
  Klient: Genauso wie über die Erika habe ich mich neulich über Monika geärgert! Die kommt doch da eines Morgens und... *(erzählt Erlebnis mit Monika)* Der Dieter ist ja da anders, der sagt immer «Cool bleiben!» Ist ihm doch da letzte Woche einer ins Motorrad gefahren, und... *(erzählt von Dieters Unfall)* Mein Onkel hat mal einen ganz ähnlichen Unfall gehabt, der war ganz schrecklich...
  Counselor: ....

Aufgabe

Ordne die nachfolgenden Interventionen den obenstehenden Fallbeschreibungen zu. Welche gehört zum ersten, zweiten oder zum dritten Beispiel?

- Entscheide dich jetzt einmal ganz klar für ein Thema! Woran willst du arbeiten?
- Bleibe bei deinem Gefühl in der Brust! Akzeptiere es! Arbeite daran!
- Gib nicht gleich auf! Spüre noch einmal in deinen Brustraum! Wie fühlt sich das an?

Sei als Counselor sachlich und bestimmt! Mache dem Klienten klare Vorschläge. Frage nicht: Möchtest du einmal das oder das versuchen? Könntest du mal... tun? Das hätte zur Folge, daß der Klient anfängt zu überlegen, ob er das tun soll oder warum nicht, und damit hättest du ihn von seinem Weg abgelenkt! Fordere ihn einfach auf: «Sag das noch einmal anders!» oder «Drücke das durch eine Bewegung aus!» usw.

Wenn der Klient mit deinem Vorschlag nicht arbeiten kann, braucht er ihm nicht zu folgen. Ein Vorschlag, der völlig abwegig ist, wird normalerweise sofort zurückgewiesen oder übergangen. Ein kurzes «Nein» oder Kopfschütteln des Klienten genügt. So entsteht durch deine Intervention keine Unterbrechung!

Suchstrategien

Um den Klienten darin zu unterstützen, sich auf sein Thema zu konzentrieren, kannst du als Counselor hauptsächlich zwei Suchstrategien einsetzen. Mit ihrer Hilfe soll der Kern des Problems aufgespürt werden:

Den Suchbereich erweitern
Du forderst den Klienten auf, sich mehr Einzelheiten heranzuholen:
- Welche Ereignisse fallen dir dazu ein?
- Nenne konkrete Beispiele!
- Gehe noch weiter zurück!
- Beschreibe die Szene in allen Einzelheiten!

Verdeckte Gefühle auffinden
Dabei kommt es auf deine Beobachtungsgabe an: Wenn der Klient sich am Kopf kratzt, seine Haltung verändert, wenn seine Stimme schwankt, er schnell über etwas hinwegspricht, den ursprünglich beabsichtigten Satz während des Sprechens verändert oder wenn sein Gesichtsausdruck wechselt, kann dies ein Zeichen dafür sein, daß ein Gefühl mit im Spiel ist, das er vielleicht selbst nicht bemerkt

hat oder absichtlich zudecken will. Hier kannst du eingreifen und ihn aufmerksam machen:

- Sag das noch einmal! Sag es lauter!
- Sag das mit einem einzigen Wort!
- Was meinst du mit diesem Satz? Was willst du in Wirklichkeit sagen?

Du kannst auch selbst einen Satz, ein Wort oder eine Bewegung des Klienten wiederholen und mit ihm zusammen seiner Reaktion darauf nachspüren. Oder du kannst ihm einen neuen Satz anbieten, den er vielleicht verwenden kann.

Ein anderer Hinweis für verdeckte Gefühle liegt in der Ausdrucksweise des Klienten. Wenn er Aussagen einschränkt durch Beiwörter wie «manchmal», «vielleicht», «eigentlich» u. ä., heißt das, daß er nicht voll hinter seiner Aussage steht, sondern daß da noch etwas anderes ist. Wenn er dies ans Licht bringt und untersucht, wird er sich über seine Gefühle klarer werden.

Beispiel

Klient: Eigentlich finde ich Elvira ganz nett.

Counselor: Sag diesen Satz ohne jede Einschränkung!

Klient: Ich finde Elvira nett. Nein, das stimmt nicht! Ich habe das Gefühl, daß die Einladung von Elvira nicht ernst gemeint ist, daß sie mich an der Nase herumführt.

Counselor: Was möchtest du Elvira sagen?

Klient: Ich freue mich über deine Einladung, aber wenn sie nicht von Herzen kommt, bleibe ich lieber weg. Du brauchst mich nicht aus Mitleid einzuladen! Mir ist es lieber, wenn ich Klarheit habe!

Counselor: Erkennst du da ein Muster von dir?

Auch die Benutzung von «man» anstelle von «ich» (z. B. «Man hat doch dabei immer Angst...») oder «müßte», «könnte», «würde» signalisiert, daß der Sprecher nicht voll hinter seiner Aussage steht und vielleicht einen Schmerz verdeckt.

Wenn der Counselor den Klienten darauf aufmerksam macht, sieht dieser sich mit seiner Aussage konfrontiert und merkt, wo sie nicht stimmt.

Aufgabe

Suche Signale, die auf verdeckte Gefühle hinweisen! Manchmal fallen sie dir erst hinterher auf, wenn du die Sitzung noch einmal überdenkst. Lege eine Liste an! Besprecht diese in der Gruppe!

Verstärkungen

Diese Arbeit des Counselors haben wir schon einmal ähnlich beim Hineingehen in den Schmerz geübt. Lies die folgenden Ausschnitte, und überlege, in welcher Hinsicht die Aufforderung des Counselors die Gefühle verstärkt!

Signal: Der Klient äußert etwas über eine Person, z. B. «Ich finde ihn unehrlich», «Ich finde sie zu aggressiv», «Ich hätte gern, daß er/ sie...», «Ich möchte nicht, daß er/sie...», «Wie kommt er/sie dazu...?» usw.
Intervention: Sag ihm/ihr das direkt ins Gesicht! Sag: «Du bist unehrlich!» usw.

Signal: Der Klient sagt «Ich muß...», z. B. «Ich muß mir immerzu Sorgen machen, daß er einen Unfall hat».
Intervention: Sag das noch einmal, aber sag dabei «Ich will» statt «Ich muß»!

Signal: Der Klient beschreibt einen Zustand mit einem allgemeinen Begriff, z. B.: «Da war Heulen und Zähneklappern.»
Intervention: Beschreibe diese Szene im Präsens. Was tun die Leute? Wie sehen sie aus? Wer ist dabei? Was hörst du? Was riechst du? Was fühlst du?

Signal: Der Klient spricht über ein Gefühl, z. B.: «Da habe ich mich geärgert.»
Intervention: Stelle deinen Ärger dar, drücke ihn aus!

Die Wirksamkeit einer bestimmten Intervention kann von Klient zu Klient unterschiedlich sein – was bei dem einen eine Katharsis hervorruft, kann den anderen völlig kaltlassen. Es gibt keine Patentrezepte. Wenn eine Intervention – trotz Wiederholung und Verstärkung – nicht wirkt, dann gib sie auf, und versuch etwas anderes.

Eine Beispielsitzung

(Ergänze die fehlenden Interventionen des Counselors! Benutze dabei die obenstehenden Hinweise!)

Klient: Ich hab da also einen Typ kennengelernt, den fand ich ganz nett, und der hat mir auch ganz toll beim Umzug geholfen und nachher beim Lampenaufhängen und so; und wir haben uns immer besser kennengelernt, und ich hab gedacht, der mag mich auch. Und beim letzten Mal hab ich Mittagessen gekocht, und wir haben zusammen gegessen, und jetzt höre und sehe ich auf einmal nichts mehr von ihm. Wie abgeschnitten. Ich bin wahnsinnig enttäuscht, und ich denk auch: Hab ich was verkehrt gemacht? Was hab ich denn verkehrt gemacht? Und dann denk ich wieder, wie ich es anstellen kann, daß wir uns wiedersehen, so ganz zufällig…
  Counselor: ....
  Klient: Ja, also das Gefühl der Enttäuschung. Das ist so eine Schwere, ja, als wenn ich wieder eins draufgekriegt habe *(horcht in sich hinein)*. Eher ein Gefühl des Versagens. Ich kenn das schon: Immer, wenn man glaubt, jetzt ist man aus dem Dreck raus, dann kriegt man wieder eins drauf!
  Counselor: ....
  Klient: Ja, dann kriege ich eins drauf. Das war schon als Kind so. Wenn ich besonders lieb sein wollte oder mich auf meinen Vater gefreut habe, dann kam bestimmt wieder so ein Schlag ins Kontor

(spricht längere Zeit darüber). Ich habe immer das Gefühl, daß ich alles falsch mache. Daß ich nichts wert bin.

Counselor: ....

Klient: Gut, also: «Ich bin ein wertvoller Mensch, und ich mache alles richtig!» Das glaube ich aber selber nicht! Eigentlich müßte ich das zehnmal am Tag gesagt kriegen, dann würde ich's vielleicht glauben.

Counselor: ....

Klient: Ich will mir das zehnmal am Tag vorsagen, damit ich's glaube.

Counselor (schaut auf die Uhr): Wir haben noch zwei Minuten. Ich möchte dir für die Weiterarbeit den Leitsatz anbieten: «...........»

Klient: Ich möchte lieber sagen: «Ich bin liebenswert und mache alles richtig!»

Counselor: Ja, gut! Ich wünsche dir viel Erfolg damit! Und vielen Dank!

Einen vorläufigen Abschluß finden

Die Entspannung nach der Katharsis bringt ein Gefühl der Erleichterung, ja manchmal ein regelrechtes Hochgefühl mit sich. Hilf dem Klienten, dies auszukosten! Feiert es! Schlag ihm Sätze vor wie:

- Das habe ich hinter mich gebracht!
- Ich habe gut gearbeitet!
- Ich freue mich, wie ich das in den Griff bekommen habe!

Hilf dem Klienten dann bei der Neubewertung der Schmerz erzeugenden Situation, und hilf ihm, Handlungsmöglichkeiten zu finden, die er an die Stelle des alten Musters setzen kann.

Bei jeder Co-Counsel-Sitzung sind die letzten Sätze entscheidend. Denn das Ende der Sitzung bedeutet nicht, daß auch der Prozeß zu Ende ist. Darum sollte der Counselor immer dafür sorgen, daß am Schluß eine Zusammenfassung steht, die der Klient «mit nach Hause nehmen» kann, auch wenn das Thema noch nicht zu Ende bearbeitet ist bzw. keine Katharsis stattgefunden hat. Die letzten Sätze behält man im Gedächtnis, und sie wirken weiter.

Wenn die Sitzung an beliebiger Stelle abgebrochen wird, bleibt dem Klienten zwar das gute Gefühl, das nach der Katharsis aufgetreten ist, aber die dadurch ermöglichten Veränderungen bleiben unfertig und haben wenig Auswirkungen auf das Alltagsleben. Der Counselor achtet auf die Uhrzeit und weiß, wann der Klient aufhören muß. Bereite ihn auf den Abschluß vor, indem du z. B. sagst:

- Kannst du das jetzt Erarbeitete in einem Satz zusammenfassen? Oder auch in einem Wort?
- Was ist das Wichtigste, das du aus dieser Sitzung mitnehmen willst?
- Finde einen Leitsatz für die kommenden Tage!

Du kannst dem Klienten einen solchen Satz oder ein solches Wort auch anbieten. Auf diese Weise hat der Klient das Ergebnis der Sitzung formuliert und kann sich immer wieder daran erinnern und daran weiterarbeiten. Der Satz sollte mit «Ich» beginnen, also «Ich bin...» oder «Ich tue...». Ein einzelnes Wort ist am wirksamsten, wenn es einen Zustand beschreibt, also z. B. «gelassen» oder «furchtlos».

Aufgabe

Lies die Beispielsitzung zum Thema «Kommunikation» in den Kapiteln «Mit Gegensätzen arbeiten» (S. 96) und «Balance der Aufmerksamkeit» (S. 122)! Wie würdest du dem Klienten zu einem vorläufigen Abschluß verhelfen?

Projektionen

Wir alle projizieren. Projizieren heißt, daß wir in einen anderen Menschen Eigenschaften, Gefühle oder Absichten hineinsehen, die er in Wirklichkeit nicht hat. Auch Muster sind Projektionen, mit denen wir unbewußt schmerzlichen Wahrheiten über uns selbst aus dem Wege gehen. Wenn man z. B. ängstlich und schüchtern ist, fällt einem Ängstlichkeit und Schüchternheit bei anderen besonders auf und man kritisiert sie gern, während man diese Eigenschaften bei sich selbst nicht wahrhaben will. Wir tun das nicht absichtlich, sondern glauben, daß unser Bild vom anderen Menschen der objektiven Realität entspricht. Jeder von uns hat sich so seine eigene private Welt geschaffen, in die er die anderen Menschen seiner Vorstellung entsprechend «eingebaut» hat. Darum kommt es immer wieder zu Konflikten, die erst aufhören können, wenn wir unsere Projektionen auflösen und die objektive Realität erkennen.

Ein Beispiel: Claudia erzählt Mary am Telefon, daß sie und ihr Mann sich entschlossen haben, Ende des Jahres ihr Geschäft aufzugeben. Mary: «O je, das ist ein Schmerz! Ich weiß, wie weh dir das jetzt tut! Mir ist es genauso gegangen. Das ist ganz grausam!» usw. Hinterher erzählt sie jedem in der Bekanntschaft, daß Claudia völlig am Boden zerstört sei, weil sie das Geschäft aufgeben müsse. Dabei stimmt das überhaupt nicht: Claudia ist froh und erleichtert, daß die ewige Plackerei jetzt ein Ende hat, für sie und auch für ihren Mann, der sich gequält hat und immer kränker wurde. Aber das kann sie Mary nicht klarmachen. Die ist felsenfest davon überzeugt, daß Claudia todunglücklich ist.

Mary hat zwischen Claudia und sich selbst ein Phantombild aufgebaut, das ihren eigenen Erfahrungen entspricht und damit den Blick auf die reale Claudia verstellt.

Projektionen erkennen und auflösen

Projektionen können wir oft an ihrer Verallgemeinerungstendenz erkennen: Wenn wir Dinge denken wie: «Alle sind immer... zu mir!» oder «X gibt mir immer so ein... Gefühl», oder «Wenn Y in meiner Nähe ist, kann ich einfach nicht...!», oder auch wenn wir uns von jemandem immer wieder abgewiesen oder ausgenutzt fühlen, so handelt es sich hier meist um eine Projektion. Wenn wir auf einen anderen Menschen heftig reagieren, ist in aller Regel ebenfalls eine Projektion im Spiel.

Projektionen müssen nicht immer von negativen Gefühlen begleitet sein. Es gibt auch positive Projektionen, bei denen wir besonders viel von einem Menschen erwarten, weil er uns an eine geliebte Person erinnert. So counselte ein Klient einmal über eine Bibliothekarin, die er von weitem verehrte und der er nur mit Herzklopfen begegnen konnte, weil sie seiner früh verstorbenen Mutter ähnlich sah. In der Co-Counsel-Sitzung entwarf er einen Plan, wie er diese Bibliothekarin ansprechen und sich öfter mit ihr unterhalten konnte. Dabei lernte er sie näher kennen und merkte, daß ihr Wesen ganz anders war als das seiner Mutter.

Beispiel

Counselor: Worüber möchtest du counseln?

Klient: Ich mag meine neue Nachbarin nicht. Und ich möchte herausbekommen, ob da Projektionen mit im Spiel sind.

Counselor: **An welche Person oder welches Erlebnis erinnert dich diese Nachbarin?**

Klient (läßt seinen Gedanken freien Lauf und sucht jemanden, der – vielleicht auch nur in einzelnen Zügen – Ähnlichkeit mit der Nachbarin hat): Ich muß an meine Grundschullehrerin denken, die ich in der dritten Klasse bekam.

Counselor: **Worin besteht die Ähnlichkeit?**

Klient: Es ist eine ältere Frau. Sie hat einen Haarknoten. Sie ist streng.

Counselor: Aus welchen Eigenheiten leitest du ab, daß sie streng ist?

Klient: Ja... Ich habe sie noch nie lächeln sehen.

Counselor: Gehe in deine Erinnerungen an die Lehrerin hinein! Was fühlst du?

Klient: Wut und Schmerz. Sie hat mich zu Unrecht beschuldigt und bestraft! *(Erzählt die Geschichte und entlädt seinen Ärger und das Gefühl der Kränkung.)*

Counselor: Was ist damals ungesagt geblieben? Was möchtest du der Lehrerin jetzt sagen?

Klient: Ja, hm...

Counselor: Ich bin jetzt die Lehrerin, sprich direkt zu ihr!

Klient: Ich bin das gar nicht gewesen, der die Farbtöpfe umgeschmissen hat, das war der Harald! Und Sie haben es mir nicht geglaubt, daß ich das nicht war, und haben mich einfach bestraft! Das war ungerecht! Das war total ungerecht! Sie sollten sich bei mir entschuldigen!

Counselor: Ja, entschuldige, es tut mir wirklich leid! Ich habe tatsächlich geglaubt, daß du es gewesen bist. Sei mir nicht mehr böse!

Klient: Ja, gut, die Sache ist erledigt. Ist ja schon lange her.

Counselor: **In welchen Dingen ist die neue Nachbarin denn anders als deine Lehrerin von damals?**

Klient: Die Nachbarin ist beweglicher und flinker. Sie hat eine wärmere Stimme. Eigentlich legt sie Wert auf meine Meinung, neulich hat sie mich um Rat gefragt. Sie scheint mir jetzt ganz anders als die Lehrerin.

Counselor: **Wie willst du dich jetzt der Nachbarin gegenüber verhalten?**

Klient: Ich gehe ihr nicht mehr aus dem Wege. Ich grüße sie freundlich. Ich glaube, sie ist ganz sympathisch.

In komplizierteren Fällen kann das neue Verhalten auch im Rollenspiel eingeübt werden.

Wenn neue Menschen im Leben auftauchen, z. B. ein neuer Chef, ein neuer Partner, sollten wir unsere Projektionen auf diese Person auflösen und sie deutlich von Personen unterscheiden, die früher eine Rolle gespielt haben, aber mit Sicherheit andere Eigenheiten hatten. Bei neuen Liebespartnern und bei Autoritätspersonen können wir zu überraschenden Ergebnissen kommen, wenn wir sie mit den eigenen Eltern vergleichen. Darüber hinaus kann es nützlich sein, alle wichtigen Menschen in unserem gegenwärtigen Leben auf Projektionen zu überprüfen, um sie klarer zu sehen. Häufige Projektionsmuster sind Mutter, Vater, Bruder, Schwester, Sohn, Tochter, Großmutter, Großvater, Chef/in, Lehrer/in, Geliebte/r.

Das Auflösen von Projektionen ist auch als Vorbereitung zu einer Co-Counsel-Partnerschaft wichtig und notwendig. Immer, wenn man mit einem neuen Partner counselt, sollte man zuerst wechselseitig die Projektionen prüfen, um die Arbeit nicht damit zu belasten. Wenn es schwierig ist, dem Co-Counsel-Partner ins Gesicht zu sagen, wie man ihn sieht, sollte man sich zunächst einen anderen Partner suchen, mit dem man über diese Projektionen counselt.

Aufgabe

Suche dir als nächstes Co-Counsel-Thema einen Menschen, der dich stark beschäftigt. Bitte den Counselor, dir im Verlauf der Sitzung die **fett gedruckten** Fragen des obigen Beispiels zu stellen.

Die Arbeit mit Projektionen lehrt uns, die Verhaltensweisen anderer Menschen aus dem Sachzusammenhang und von ihrer Geschichte her zu verstehen. Wenn wir Projektionen wirklich verstehen, nehmen wir sie ihnen nicht mehr übel. Wenn wir Projektionen auflösen, fühlen wir uns nicht mehr mißverstanden und als Märtyrer. All unsere Ängste, Aggressionen, aber auch Identifizierungswünsche und Abhängigkeiten werden gegenstandslos. Wir lernen, selbst die Verantwortung für unsere Gefühle zu übernehmen und zu sagen: Ich selbst habe durch meine Einstellung diese Wut in mir verursacht! Es ist nicht ihre/seine Schuld, daß ich so fühle! Ich selbst habe es so gewollt, und ich kann es auch ändern!

Dadurch wird unsere Erfahrungswelt klarer und reicher, der Stellenwert mancher Personen für unser Leben ändert sich überraschend, und wir entdecken, daß wir unsere Mitmenschen mögen und Freude an ihrer Gegenwart haben.

Die Balance der Aufmerksamkeit

Während des Co-Counselns bedarf es eines Gleichgewichts zwischen vergangenem Schmerz und gegenwärtiger Sicherheit. Der Weg zur Katharsis geht über die Wiederbelebung alten Schmerzes. Je tiefer man dabei geht und je stärker der Schmerz wieder erlebt wird, desto wahrscheinlicher ist die Katharsis. Es muß jedoch ein weiterer Faktor hinzukommen: das Bewußtsein, daß jetzt alles anders ist! Jetzt kann man sich von dem Schmerz lösen. Dieses Bewußtsein wird gestützt durch die gegenwärtige Geborgenheit, die der Counselor dem Klienten vermittelt.

Der Klient muß also zwei Dinge gleichzeitig spüren, so als wenn er in der Verbindungstür zwischen zwei Räumen steht: Der Raum hinter ihm gibt ihm Schutz und Sicherheit, der Raum vor ihm enthält den Schmerz, mit dem er sich auseinandersetzen muß.

Wie können wir diese beiden Räume gleichzeitig wahrnehmen? Unsere Gefühle folgen unserer Aufmerksamkeit, d. h., wenn wir uns ausschließlich mit dem Wiederbeleben des Schmerzes beschäftigen, kann dieser zum Alptraum werden, aus dem wir nicht mehr herausfinden. Wenn wir aber zu stark mit der Aufmerksamkeit in der Geborgenheit beim Counselor bleiben und es uns dort so richtig gemütlich machen, wird keine Katharsis eintreten. Wir müssen daher mit einem dritten Teil unseres Ich kontrollieren, ob die Orientierung zwischen Schmerzerlebnis und Sicherheitsgefühl innerlich ausgewogen bleibt. Wir können die Kontrolle auch an den Counselor delegieren.

Übung

Der Klient spricht über eines der folgenden Themen:

- Was mich in Wut bringt.
- Mein großer Kummer.
- Wovor ich große Angst habe.

Er bemüht sich, eine Katharsis zu erreichen.

Der Counselor beobachtet, wann der Klient in seiner inneren Orientierung zu sehr nach der einen oder anderen Seite abdriftet. Wenn der Klient zu sehr in den Schmerz hineinkommt, faßt der Counselor ihn leicht am Arm oder bei der Hand. Wenn der Klient zu weit vom Schmerz weg in die Sicherheit geht, läßt der Counselor ihn wieder los.

Hilfen des Counselors:

Im Ernstfall stehen dem Counselor folgende Hilfen zur Verfügung:

- Wenn der Klient zu sehr in den Schmerz hineinkommt oder ihn nicht mehr aushalten kann, gibt der Counselor ihm körperliche Nähe oder wendet eine der Aufforderungen an, die im Kapitel «Die neue Freiheit» vorgestellt werden (siehe S. 77/78).
- Wenn der Klient zu wenig in den Schmerz hineingeht, benutzt der Counselor zur Verstärkung eine der Interventionen, die im Kapitel «Den alten Schmerz auspüren» aufgeführt sind (siehe S. 49).

Diese Hilfen sind auch nach der Katharsis anwendbar, bis der Klient wieder ganz im Hier und Jetzt ist.

Nach einiger Übung gelingt es den meisten Klienten, auch ohne Hilfe des Counselors die Balance der Aufmerksamkeit zu erhalten, indem sie mit einem Teil des Bewußtseins außerhalb des Schmerzes bleiben. Je öfter man das übt, desto besser gelingt es einem, die alten Schmerzen auszudrücken und gleichzeitig die gegenwärtige Sicherheit zu spüren.

Beispiel

Dieses Counsel-Gespräch zum Thema «Kommunikation» setzt das Beispiel von S. 96 aus dem Kapitel «Mit Gegensätzen arbeiten» fort.

Klient fängt heftig an zu weinen. Die Tränen fließen. Er setzt zum Sprechen an, bringt jedoch kein Wort zustande. Counselor legt ihm die Hand auf den Arm. Klient macht sich frei, steht auf, geht im Raum hin und her. Nimmt ein Buch, versucht zu lesen, stellt es wieder weg. Dann geht er zur Tür hinaus, auf dem Flur hin und her, die Treppe hinunter. Counselor behält ihn unauffällig im Auge. Klient tritt vor die Haustür, atmet tief. Kommt wieder herauf. Beschäftigt sich damit, Kaffee zu kochen.

Counselor: Kannst du mir zwischendurch mal helfen, die nächsten Termine auszusuchen?

Klient nickt.

Counselor: Hast du einen Kalender?

Klient holt einen Taschenkalender aus seiner Tasche.

Counselor: Ich denke mir, daß wir das nächste Treffen in drei Wochen machen, am 14. 10., was hältst du davon?

Klient: Ja, das müßte klappen, da liegt sonst nichts Besonderes vor.

Counselor: Was wäre dann der nächste?

Die beiden legen die Termine bis Weihnachten fest. Dann klingelt der Wecker, und die allgemeine Pause beginnt. Die zwölf Gruppenmitglieder trinken Kaffee und unterhalten sich. Der Klient trinkt auch etwas und ißt ein Butterbrot. Er hört hier und da zu, spricht aber selbst nicht. Nach der Pause:

Counselor: Wie geht es dir jetzt?

Klient: Besser. Aber ich kann heute nicht mehr an dem Thema weiterarbeiten.

Counselor: Das kann ich verstehen. Kann ich sonst irgend etwas für dich tun?

Klient: Nein danke. Du hast mir schon sehr geholfen.

Aufgabe

Gib an, auf welche Weise der Klient selbst und der Counselor versucht haben, den Klienten aus dem Schmerz wieder ins Hier und Jetzt zu bringen!

Das Thema ist in einer späteren Sitzung weiterbearbeitet worden. Dabei wurde klar, daß diese Katharsis ein grundlegendes Muster aufgebrochen hat, nämlich ein starkes Mißtrauen gegenüber den Mitmenschen. Der Klient konnte Vertrauen gewinnen und nach und nach lernen, anderen etwas von sich mitzuteilen und sich mit ihnen auszutauschen.

Je mehr der Klient lernt, die Balance der Aufmerksamkeit aufrechtzuerhalten, um so besser kann er seine Arbeit steuern, d. h. in jedem Augenblick entscheiden, wie er weiter verfahren und welche Technik er einsetzen will, um sein Ziel zu erreichen. Das nennt man «den inneren Counselor entwickeln», denn der Klient übernimmt damit Aufgaben des Counselors selbst und macht dessen Interventionen zunehmend überflüssig. Niemals überflüssig werden jedoch die Zuwendung und die Aufmerksamkeit des Counselors, die dem Klienten das Umfeld schaffen, das er für seine Arbeit braucht. Man kann die Entwicklung des inneren Counselors fördern, indem man nach jeder Sitzung noch einmal über die Arbeitsschritte nachdenkt, die man als Klient oder als Counselor unternommen hat.

Die Co-Counsel-Gruppe

Man braucht nicht unbedingt eine Gruppe zum Co-Counseln. Co-Counseln kann jeder, sobald er einen Partner findet, der mitmacht. Wo Einführungskurse stattfinden, bildet sich aus den Teilnehmern anschließend meist eine Gruppe. Diese kann privat zusammenkommen oder sich einen festen organisatorischen Rahmen schaffen.

Üblicherweise trifft die Gruppe sich regelmäßig für mehrere Stunden, und jeder wählt aus der Gruppe einen Partner für eine Sitzung. Natürlich können sich zwei Mitglieder auch außerhalb der Gruppenzusammenkünfte zum Counseln verabreden. Im folgenden wird der typische Ablauf eines Gruppentreffens vorgestellt:

1. Begrüßung

2. Eine Runde «Neues und Gutes»; d. h., jeder erzählt ca. fünf Minuten lang, was ihm seit dem letzten Treffen Neues und Gutes widerfahren ist. Oder «Wie es mir heute geht». Solche Runden bewirken u. a. auch, daß sich die Teilnehmer besser kennenlernen. Dabei können auch einzelne Ereignisse gefeiert werden.

3. Die Tagesordnung wird vorgeschlagen und besprochen; die Teilnehmer müssen sich vor allem auf eine einheitliche Sitzungslänge einigen, damit sie nach der Pause etwas gemeinsam tun oder andere Partner wählen können.

4. Co-Counsel-Einzelsitzungen; hierfür wählt sich jeder einen Partner.

5. Pause.

6. Nach der Pause sitzen alle gemeinsam im Kreis und erörtern Fragen, die beim Co-Counseln aufgetaucht sind, wie z. B. «Was tue ich, wenn der Klient weinend aus dem Zimmer läuft?» o. ä.

7. Hier – oder auch zu Beginn des Treffens – kann zur Vertiefung ein Abschnitt Theorie vorgetragen werden, z. B. «Was sind Projektionen?». Darauf muß sich ein Teilnehmer vorbereitet haben, d. h.,

solche Sonderaufgaben müssen schon in der vorhergehenden Zusammenkunft festgelegt werden. Es können auch Gruppen-Übungen wie die in diesem Buch vorgeschlagenen durchgeführt werden.

8. Bei genügend Zeit können nun wieder Einzelsitzungen angeschlossen werden.

9. Pause.

10. Gemeinsam im Kreis: Organisatorisches (Termin der nächsten Zusammenkunft usw.).

11. Wertschätzungen.

12. Schlußkreis.

Co-Counseln zu dritt

Wenn sich eine Gruppe zum Co-Counseln trifft, ergibt es sich bei einer ungeraden Zahl von Teilnehmern, daß bei der Wahl des Übungspartners zum Schluß eine Person übrigbleibt.

In diesem Fall kann man eine Dreiergruppe bilden, wobei zwei Teilnehmer die üblichen Rollen des Klienten und des Counselors übernehmen und der dritte als Beobachter teilnimmt. Das sieht zunächst nach einer Verlegenheitslösung aus. Man kommt aber zu dem überraschenden Ergebnis, daß der Beobachter einen ganz neuen, tieferen Einblick in das Co-Counseln erhält, weil er unbeteiligt ist und beide Seiten gleichzeitig wahrnimmt. Besonders der Zusammenhang zwischen den Interventionen des Counselors und den darauf folgenden Reaktionen des Klienten wird viel deutlicher. Daher wird der Beobachter hinterher meist von beiden Partnern mit großem Interesse nach seinen Eindrücken befragt.

Zur Übung können gelegentlich ausschließlich Dreiergruppen gebildet werden. Dabei muß natürlich auch ein dreifacher Wechsel stattfinden: Jeder ist einmal Klient, einmal Counselor und einmal Beobachter.

Optimales Co-Counseln

Für den Erfolg des Co-Counselns sind auch äußere Faktoren von Bedeutung. Wichtig sind dabei besonders folgende Fragen:

1. **Wie oft soll man counseln?** Es gibt Gruppen, die sich wöchentlich treffen; andere kommen alle vierzehn Tage, alle drei oder auch alle vier Wochen zusammen. Einzelne Teilnehmer verabreden sich auch zwischen den Gruppensitzungen. Jedoch ist die Fähigkeit, die in den Co-Counsel-Sitzungen eingeleiteten Prozesse zu verkraften, von Thema zu Thema, von Zeit zu Zeit und von Mensch zu Mensch unterschiedlich. Die aufgestörten Gefühle brauchen Zeit, um sich zu setzen und im Unterbewußtsein weiterzuwirken.

Es muß also in der Gruppe jeweils abgestimmt werden, wer sich wann wieder trifft; und jeder einzelne trägt die Verantwortung dafür, daß er nicht zuviel und nicht zuwenig counselt.

2. **Wann und wie lange soll gecounselt werden?** Bemerkungen wie: «Abends bin ich immer schon so müde» oder «Ein ganzes Wochenende ist mir einfach zuviel auf einmal, das kann ich nicht verkraften» oder «Die Zeit ist immer zu kurz, ich komme nie zu einem Abschluß» usw. zeigen, daß auch hier die individuellen Bedürfnisse erfragt und soweit wie möglich berücksichtigt werden müssen.

3. **Der Ort** des Co-Counselns soll möglichst zentral liegen, damit die Anfahrtswege nicht beschwerlich werden; er soll ruhig liegen, abgeschirmt gegen Störungen von außen; es sollen möglichst mehrere kleine Räume zur Verfügung stehen, damit die Co-Counsel-Paare voneinander abgeschirmt sind, auch wenn es einmal laut wird. Wenn mehrere Paare in verschiedenen Ecken eines großen Raumes counseln, kann das immer nur ein Notbehelf sein. Auch sollen die Räume eine ruhige Atmosphäre vermitteln; wir haben z. B. gute Erfahrungen gemacht in Yoga-Praxen u. ä.

4. Die Zusammensetzung der Gruppe kann man zwar kaum ändern, doch sollte man sich über ihre Wirkung auf einzelne Mitglieder klar sein. Findet sich ein Teilnehmer zwischen Menschen aus einem anderen Milieu, einer anderen Altersgruppe, in einer reinen Frauen- oder Männergruppe? Man sollte ihm durch besondere Zuwendung das Eingewöhnen leichtmachen.

Die größte Bedeutung hat das Anspruchsniveau der Gruppe, und jeder möge sich prüfen, ob er nicht einem unerfüllbaren Perfektionismus huldigt, und sich immer wieder vor Augen führen, daß Mitmenschlichkeit mehr bewirken kann als die perfekte Beherrschung von Techniken.

5. Abwechslung ist wichtig! Wir bemühen uns, die Gruppensitzungen nicht immer nach der gleichen Routine abzuwickeln und öfter mal was Neues zu bringen. Wenn wir ab und zu einen Blick auf die Ziele und Möglichkeiten des Co-Counselns tun, wie sie in diesem Buch beschrieben sind, dann kommen uns auch neue Ideen! Langeweile kann auch entstehen, wenn man immer mit demselben Partner counselt, dessen Verhalten man schon in- und auswendig kennt.

6. Themenwechsel: Man sollte höchstens drei bis vier Sitzungen hintereinander über dasselbe Thema counseln! Wenn man zu einem Thema keine Lösung findet, ist zu überlegen, welche anderen Fragestellungen oder Techniken einen weiterbringen. Oder man nimmt sich für eine Weile ein ganz anderes Thema vor und kommt später auf das alte zurück.

7. Erfolgserlebnisse auskosten: Das Rückgrat des Co-Counselns sind die Erfolgserlebnisse! Fühlte sich jemand nach der letzten Sitzung angestrengt und unzufrieden? Woher kommt das? Hat er seine Fortschritte und Erkenntnisse genügend gefeiert, auch wenn sie in seinen Augen geringfügig waren? Es tut dem Partner und den anderen Gruppenmitgliedern gut, wenn wir ihre Erfolge würdigen! Jeder achte darauf, daß auch er selbst genügend wertgeschätzt wird!

Die Co-Counsel-Arbeit ist am erfolgreichsten, wenn die Teilnehmer sowohl hinsichtlich der Organisation als auch der Inhalte ständig im Gespräch bleiben. Denn das Co-Counseln ist ein lebendiger Prozeß, der sich verändert und weiterentwickelt, wobei immer wieder auch neue Techniken und Arbeitsweisen entstehen.

Netzwerke

Ein Co-Counsel-Netzwerk besteht aus Personen, die bereit sind, auch außerhalb einer Gruppe als Co-Counsel-Partner zur Verfügung zu stehen. In Hamburg ist ein Netzwerk aus den Absolventen verschiedener Einführungskurse entstanden, die an einer regelmäßigen Co-Counsel-Arbeit interessiert waren. Eine Kontaktadresse finden Sie im Anhang.

Wo keine regelmäßig tagenden Gruppen vorhanden sind, eine starke Fluktuation herrscht oder es nur wenige weit verstreut wohnende Co-Counseler gibt, kann die Arbeit auch überwiegend aus Zweiersitzungen bestehen.

Co-Counseln international

Aus dem ursprünglichen Co-Counseln nach Harvey Jackins (USA) sind verschiedene «Richtungen» hervorgegangen. In Europa hat u. a. der Engländer John Heron das Co-Counseln weiterverbreitet; auf ihn beziehen sich die englischen, niederländischen und die Hamburger Gruppen. Das vorliegende Buch vermittelt die von ihm gelehrten Techniken und Fachausdrücke.

Ein weiterer Kreis hat sich in Europa um Daniel Le Bon (ebenfalls Schüler von Harvey Jackins) entwickelt. Ihm gehören vor allem die französischen, aber auch ein Teil der deutschen Gruppen an, so z. B. in Eckernförde, Münster und im süddeutschen Raum. Die Prinzipien und Techniken des Co-Counselns sind dort dieselben, nur werden teilweise andere Begriffe benutzt: «Klient» und «Counselor» heißen «Sprecher» und «Zuhörer»; die «Katharsis» wird als «Entlastung» bezeichnet usw.

Sehr rege Co-Counsel-Gruppen gibt es auch in den USA, in Großbritannien und den Niederlanden. Sie sind zusammenge-faßt in dem Verband Co-Counseln International (CCI). Dort wer-den auch internationale Treffen veranstaltet. Im osteuropäischen Raum ist Ungarn Vorreiter; eine Gruppe wird gerade aufgebaut.

In Deutschland gibt es neben den in regionalen Netzwerken organi-sierten Co-Counsel-Freunden auch im ganzen Bundesgebiet Einzel-personen, die sich an Wochenenden gelegentlich im größeren Rah-men treffen. Dazu kommen dann auch Teilnehmer aus Österreich und der Schweiz. In Berlin gibt es eine Frauengruppe, die Co-Coun-seln mit Transaktionsanalyse verbindet.

Wie gründe ich eine Co-Counsel-Gruppe?
von Angela Remmert

Zur Gründung einer Gruppe braucht man neben den Menschen, die das Co-Counseln lernen möchten, Räume und für den Fall, daß neben diesem Buch auch eine persönliche Anleitung gewünscht wird, einen anerkannten Co-Counsel-Lehrer. Die Wochenend-seminare oder Kurse, bei denen erfahrene Lehrer und Lehrerin-nen eine Einführung in das Co-Counseln vermitteln, können über die regionalen Netzwerke erfragt werden. Kontaktadressen finden sich am Ende des Buches unter der Überschrift «Literatur und Hinweise».

Bei der Suche nach einem Co-Counsel-Lehrer ist es wichtig, zwischen dem **Counseln** als Therapie mit einem ausgebildeten Therapeuten (das ist hier nicht gemeint) und dem **Co-Counseln** als Selbsthilfemethode zu unterscheiden.

Co-Counsel-Lehrer, die von den Selbsthilfe-Netzwerken aner-kannt sind, haben an einem Co-Counsel-Teacher-Training teilge-nommen und sich außerdem verpflichtet, selbst zu co-counseln, den

Selbsthilfecharakter der Methode zu wahren und das Netzwerk zu fördern.

Co-Counsel-Netzwerke sind, wie andere Selbsthilfegruppen, kostenlos, unabhängig und demokratisch. Ihre Mitglieder sind gleichberechtigt und gleich verantwortlich. Manchmal bietet sich als Organisationsform der Verein an, manchmal mehr eine basisdemokratisch agierende Gruppe.

Wie kann sich die Gruppe für einen Einführungskurs finden?
Bei der Zusammensetzung einer Anfängergruppe sollten die Initiatoren, evtl. gemeinsam mit einem Lehrer, unter den Interessierten eine Vorauswahl treffen. Denn nicht für alle Menschen ist das Co-Counseln eine geeignete Selbsthilfemethode.

Die potentiellen Teilnehmer sollten Gefühle zeigen und beim andern aushalten können und offen für die Probleme anderer sein. Stark belastete Menschen sollten sich lieber von professionellen Therapeuten betreuen lassen. Bei Psychose-Erfahrenen, deren Psychose noch nicht lange zurückliegt, sollte im Gespräch das Für und Wider der Teilnahme geklärt werden. Als Therapie bei Alkohol- und Drogensucht ist das Co-Counseln grundsätzlich nicht geeignet.

Unsere Erfahrung zeigt, daß die Interessenten in der Regel wissen, was für sie gut ist, und daß ein Workshop denen, die sich dafür entscheiden, guttut. Eine Anzahl von neun bis vierzehn Kursabsolventen ist erfahrungsgemäß die richtige Gruppengröße und verspricht eine interessante Zusammenarbeit.

Die Teilnahme an einem Grundkurs, der über zwei Wochenenden geht, ist Voraussetzung für die Aufnahme in das regionale Netzwerk, das Co-Counsel-Partner vermittelt.

Wie kann man andere Interessenten erreichen?
Nachdem in den vergangenen Jahren aufgrund privater Initiativen eine Reihe von Co-Counsel-Kursen stattgefunden hatte, veranstaltete die KISS, die Kontakt- und Informationsstelle für Selbsthilfegruppen, 1993 einen «Schnupperworkshop», der das Co-

Counseln in einigen Probestunden für wenig Geld vorstellte. Aus dem Teilnehmerkreis bildete sich eine Gruppe, und mit aktiver Unterstützung der KISS entwickelte sich das Hamburger Netzwerk.

Kontaktstellen für Selbsthilfegruppen gibt es in vielen Städten Deutschlands. Ihre Adressen sind über das örtliche Telefonbuch oder über NAKOS zu erfahren, die Nationale Kontakt- und Informationsstelle zur Anregung und Unterstützung von Selbsthilfegruppen (siehe S. 140 «Literatur und Hinweise»). Die NAKOS berät auf Anfrage Selbsthilfegruppen bei ihrem Aufbau. Wenn die örtliche Selbsthilfegruppen-Beratungsstelle eine Zeitung herausgibt, kann man dort die Gründung einer Co-Counsel-Gruppe veröffentlichen. Allgemein wird dort bei der Öffentlichkeitsarbeit zur Suche von Mitgliedern beraten. Die Gründung einer Gruppe kann u. a. auch in lokalen Zeitungen, Aushängen, dem Radio bekanntgemacht werden.

Die Werbung wird leichter, wenn schon eine Gruppe und eigene gute Erfahrungen mit dem Co-Counseln vorhanden sind. Man kann zunächst mit ein paar Bekannten einen Kurs bzw. eine Gruppe in einer anderen Stadt besuchen und dann eine eigene Gruppe aufbauen. Auch Mitglieder von thematisch anders ausgerichteten Selbsthilfegruppen benutzen die Erfahrungen des Co-Counselns gern für ihre Gruppenarbeit; sie übernehmen Übungen oder beraten andere.

Nach der Gründung einer Co-Counsel-Gruppe ist es wichtig, daß das Netzwerk weiterwächst, um es lebendig zu halten.

Co-Counseln – ein Ausblick

Das Co-Counseln kann für die persönliche Entwicklung sehr hilfreich sein. Denn durch jede Co-Counsel-Sitzung gewinnt der Teilnehmer ein Stückchen mehr Entscheidungsfreiheit, sein Handlungsspielraum wird größer. Die Freiräume, die sich durch das Lösen von Blockierungen und Mustern ergeben, summieren sich im Laufe der Zeit. Das Unterbewußtsein gibt immer genau die Strukturen frei, für deren Abbau der Klient reif ist. Und so dringt man Schicht für Schicht immer weiter zum Persönlichkeitskern vor, d. h. bei mir: zu dem ursächlichen Trauma, von dem sich alles andere ableitet.

Ich selbst habe z. B. in den letzten Jahren folgende Themenkomplexe bearbeitet:

- Angst vor anderen Menschen, Schüchternheit, Angst vor neuen Situationen, Einsamkeit, mich nicht trauen ...
- Minderwertigkeitsgefühle, Versagensängste, Scham wegen vermeintlich schlechter Leistungen, Vergleich mit den Leistungen anderer, Perfektionismus ...
- Autoritätskomplex, stets den Schüler spielen, schlechtes Gewissen, andere für mich entscheiden lassen ...
- «Niemand liebt mich», fehlgeschlagene Beziehungen, Unsicherheit gegenüber Männern, verkrampfte Einstellung zum Sex ...
- Geldprobleme, zwanghafte Sparsamkeit, mir nichts gönnen dürfen, zu teure Geschenke machen ...
- Linkshänder sein, «verkehrt» sein, nicht dazugehören ...

Inzwischen habe ich begriffen, daß alle diese Themen in bestimmten Kindheitsereignissen wurzeln. Jede Co-Counsel-Sitzung führt mich ein Stückchen näher an den ursächlichen Schmerz und das Grundproblem heran.

Bei regelmäßigem Co-Counseln wird die persönliche Struktur des

Teilnehmers immer deutlicher, und er wird frei, immer mehr er selbst zu werden. Durch die bewußte Auseinandersetzung mit tieferen Schichten seines Wesens kann er Möglichkeiten und Fähigkeiten entdecken, die er bisher nicht genutzt hat.

Durch die Aufmerksamkeit und Bewußtheit sowie durch eine gewisse selbstauferlegte Disziplin im Umgang mit anderen, die das Co-Counseln erfordert, erfährt jede Art von zwischenmenschlicher Beziehung eine neue Tönung. Diejenigen, die bisher immer alles mit sich allein abgemacht haben, können lernen, ihren Mitmenschen in Anspruch zu nehmen. Und diejenigen, die stark vom Urteil anderer abhängig waren, beginnen, selbst die Verantwortung für sich zu übernehmen.

Der Counselor findet dadurch, daß er dem Klienten keine Ratschläge geben darf, mit der Zeit zu einem Grad persönlicher Reife, der den anderen so sein lassen kann, wie er ist.

Zum anderen weckt und trainiert das Co-Counseln eine neue Art von Verantwortungsbewußtsein. Man übernimmt die Verantwortung dafür, daß der andere seine eigenen Problemlösungen findet, sich aus eigener Kraft weiterentwickelt und sein individuelles Potential erschließt. Das macht das Co-Counseln so spannend: daß der Klient unter Umständen ganz andere Lösungen findet und ganz andere Möglichkeiten entwickelt, als der Counselor sie gesehen hatte.

Co-Counseln eignet sich auch für den Prozeß der Trauerarbeit, wobei die einzelnen Stufen je nach den Bedürfnissen des Trauernden zeitlich ausgedehnt, verkürzt oder intensiviert werden können.

Co-Counseln kann als Soforthilfe eingesetzt werden, wenn jemand durch ein Erlebnis aus dem inneren Gleichgewicht gebracht worden ist oder eine größere Umstellung erlebt, sei es ein Umzug, ein neuer Job, eine Krankheit usw. Es hilft dem Menschen schon allein dadurch, daß er bei Ärger oder einem Problem weiß: Ich bin dem nicht allein ausgeliefert, ich kann darüber counseln! In diesem Bewußtsein kann er den Ärger oder das Problem bis zur nächsten Co-Counsel-Sitzung zurückstellen, und das allein wirkt schon entspannend.

Elemente des Co-Counselns werden mit der Zeit im Verhaltens-repertoire der Teilnehmer zum festen Bestandteil. So wirkt sich die neutrale Zuhörerhaltung des Counselors in vielen Fällen wohltuend auf den Gesprächspartner aus, und auch in Privatgesprächen können bestimmte (Counselor-)Fragen dem anderen helfen, an den Kern seines Problems heranzukommen.

Literatur und Hinweise

Weitere Informationen, z. B. über die Co-Counsel-Netzwerke oder über Se-
minar- und Veranstaltungsangebote, können direkt bei der Autorin erfragt
werden. Sie ist unter folgender Adresse zu erreichen:
Karola Berger
Niedergeorgswerder Deich 62
21109 Hamburg

Auskünfte geben auch die Organisationen der Selbsthilfegruppen wie KISS
– Kontakt- und Informationsstelle für Selbsthilfegruppen (Adressen finden
sich im örtlichen Telefonbuch oder können bei NAKOS erfragt werden) und

NAKOS – Nationale Kontakt- und Informationsstelle
zur Anregung und Unterstützung von Selbsthilfegruppen
Albrecht-Achilles-Str. 65
10709 Berlin
Tel. 030/89 14 01 9

Literatur

- Rose Evison/Richard Horobin: Co-Counselling, in: John Rowan/
  Windy Dryden: Neue Entwicklungen in der Psychotherapie, Oldenburg
  1990, S. 98–125.

- Wilfried Teschler: Geistige Integration, in: ders., Grundlagentexte, un-
  veröff. Manuskript; zu beziehen über: Teschler Team GmbH, Postfach
  48 68, 26038 Oldenburg.
  In diesem Aufsatz beschreibt Teschler die Technik der geistigen Integration, mit deren Hilfe man jedes störende Muster in kurzer Zeit vollständig auflösen kann.

Außerdem sind in England zwei Bücher von Rose Evison und Richard Horobin erschienen, die über die internationale Buchnummer ISBN auch vom
deutschen Buchhandel bestellt werden können:

- Rose Evison/Richard Horobin: How to Change Yourself and Your
  World, a Manual for Co-Counselling Theory and Praxis, ISBN 1 870224-
  01-9.

- Rose Evison/Richard Horobin: Co-Counselling as Therapy, ISBN
  1 870224-05-1.

NLP: Psycho-Power

Streß mit dem Chef, Probleme in der Familie oder Angst vor der Zukunft - Probleme, die allein schwer zu meistern sind. Jetzt erscheint bei rororo das Psycho-Power-Programm zur Stärkung des Selbstbewußtseins, bekannt als **Neurolinguistisches Programmieren (NLP)**, das in den siebziger Jahren von den Amerikanern Richard Bandler und John Grinder entwickelt wurde. Knapp, praxisnah und verständlich geschrieben, bieten die Bücher konkrete Hilfe für Alltag und Beruf.

Barbara Schott
Gut drauf sein, wenn's schiefgeht
(rororo 9604)

Cool bleiben
(rororo 9603)

Andere Wege wagen
(rororo 9605)

Barbara Schott/ Klaus Birker
Freunde finden
(rororo 9668)

Prüfungsstreß ade
(rororo 9669)

Kompetent verhandeln
(rororo 9773)

Schüchternheit überwinden
(rororo 9774)

Barbara Schott
Prüfungsstreß ade

NLP – Das Psycho-Power-Programm

Dr. Barbara Schott ist seit 1984 Professorin für BWL und Marketing an der Fachhochschule Nürnberg. Ihre Ausbildung in NLP erhielt sie bei Reese, Grinder und Bandler in den USA und erwarb die «Certification in NLP» durch die «Society of Neuro-Linguistic - Programming». Seit langem unterhält sie ihr eigenes Institut «NLP-Praxis» in Nürnberg.

Klaus Birker ist Professor für Betriebswirtschaft (Führungslehre und Controlling) an der Fachhochschule Rheinland-Pfalz. Seit 1987 ist er zusammen mit seiner Frau tätig als Berater, Trainer und Coach, mit Zusatzausbildungen u.a. in NLP.

rororo sachbuch

Bruce Kumar Frantzis
Qi- Gong *Wege zu den Energiequellen des Körpers*
(rororo sport 9442)
Seit über 3000 Jahren nutzen die Chinesen diese sanften und genußvollen Qi- Gong- Übungen, um Krankheiten vorzubeugen und sie zu heilen, tiefe Entspannung zu spüren, Begleiterscheinungen des Alters zu mindern, die Sexualität zu intensivieren und die körperliche und geistige Leistungsfähigkeit zu aktivieren. Lernen Sie, in Ihren Körper hineinzufühlen, spüren und entdecken Sie die Energie, die durch Ihren Körper fließt und Ihnen Kraft und Vitalität gibt. Bruce Kumar Frantzis hatte das seltene Glück, von unterschiedlichen Großmeistern in die tiefsten Geheimnisse der inneren Kraft eingeweiht zu werden, die er in diesem Buch an uns weitergibt.

Ingo Jarosch
Die acht Brokate *Kraft und Entspannung aus dem Reich der Mitte*
(rororo sachbuch 9648)
Finden Sie Entspannung, tanken Sie Kraft und innere Ruhe: Die acht Brokate sind ein Gesundheitszyklus aus dem Tai Chi und beruhen auf der fernöstlichen ganzheitlichen Betrachtungsweise des Menschen. Diese eleganten Übungen sind schnell und leicht zu erlernen, und wenn Sie sich jeden Tag nur 10 Minuten Zeit nehmen, werden Sie Ihre innersten Energien wecken, und ein positives Lebensgefühl wird sich in kurzer Zeit einstellen.

Yogi Deenbandhu (Detlef Uhle)
Yoga für alle *Übungen für jeden Tag*
(rororo sachbuch 9386)

Sue Luby
Hatha Yoga *Entspannen, auftanken, sich wohl fühlen*
(rororo sachbuch 8592)

Ingo Jarosch
Tai Chi *Neue Körpererfahrung und Entspannung*
(rororo sachbuch 8803)
Der Autor zeigt, wie man mit Tai Chi die Rückbesinnung auf sich selbst und die dabei erfahrene körperliche und geistige Entspannung mit seiner Methode rasch erlernen kann.

Tran Vu Chi
Heilen durch Bewegung *Schnelle Selbsthilfe durch WA DO bei Krankheiten und Beschwerden*
(rororo sachbuch 9615)
500 Bewegungen, die innerhalb kürzester Zeit Wohlbefinden hervorrufen und gezielt bei allen körperlichen und nervösen Beschwerden eingesetzt werden können – das ist WA DO.